GET YOUR BONUS PUZZLES:

Send us an email **sbrt.notebooks@gmail.com** and get some more sudoku (including Jigsaw Sudoku, X-Sudoku and much more).

Your voice is important:

Please support us and leave a review!

Copyright © 2020 by *SBRT* Notebooks
All rights reserved

Other Fun Sudoku Puzzle Books

by SBRT Notebooks

- Easy Sudoku Puzzles **by SBRT**
- Medium Sudoku Puzzles **by SBRT**
- Hard Sudoku Puzzles **by SBRT**
- Extreme Sudoku Puzzles **by SBRT**
- Samurai Sudoku **by SBRT**

And much more coming soon!!

Sudoku Rules

Each Classic Sudoku is consisting in 9x9 grid.

Insert the number from 1 to 9 in each row, column and 3x3 box.

Only one simple rule:

A Number Can't Be Repeated in Any Row, Column or Box.

HAVE FUN!

#1

					6			
	2			5		1		
7		5		8			4	
		4	2	1	3			9
		1	6					8
								4
1				7	2		4	
3		8	5			9	2	

#2

		2	7			3	6	
6	8		2	1				
		7			3			2
3					9		7	
	7	8						9
				7			2	
9						6	5	1
				6	4	1		

#3

1	5	8			7			
	4		1					
								8
				3			2	
		2		9		6		
		6				4	8	7	5
3								
					2	5	3	
6				8			9	2

#4

2			6		3	7	4	
		1	2	4				
	5		1		7	8		
			9	5				
	3							5
9	1	8	3		6			4
								9
	6			7			3	

#5

2	1	7	4			8		
				1	5			2
								3
		3		4	7			
		8	3	2		6		
							6	
	9	4				2		
3	5	1	2			7		8

#6

		9			1	4	8	
4					8		1	5
		1				7	6	
6	8							
7	9	1	2					
	4		8		6			
						9		3
3				1		8		6

#7

5			6	2			9	8
	9							4
			8	9	7	6		
					5	7		2
		5		1		3	8	
		2				4	6	
	1	6						
							2	
8	2							1

#8

	5				8			
		3			9	1	5	
7								
	8							
	3	6	2					
		7	6			3	5	8
3	9						8	7
			5		9			
		4			8			1

#9

		6	4	8				
9								3
8	4	1						
		4	5		2	7		
			6	4	9	8		5
			7					
5		8		6			4	
	3		9		4			
								9

#10

			7		6			2
	9							
8					6		3	1
								7
		1	4	9		3		
9	3	7	1					
					4		7	
	8	4		5				
5								3

#11

					3			
		7	4				1	5
2	4	1			8	9		
7	6	8	1		5			
	3			2			7	
		3						1
6	8							
							5	
				5				3

#12

			8	1				
				6	5			9
			3					
8				3				
		6	5			1		
	3	1		9	8	6		
		4			7			6
				1			7	4
	8	9		5			3	

#13

	4						7	
				4			6	8
					7			3
	9	7	5					
		6			3			
		2		8			9	7
	5							
					6	5	3	
			9	8		1	2	4

#14

7			4		2			
					4			
	5	4	7	8	3			
9			8	5				
					6	7	3	
	2							8
				1		5		
		7				1		
	8						9	3

#15

3		1						
					6			
	4						9	7
	8	2	5	3		7		
	3	5	7					
								6
	5	4			1			8
					3	2		1
8				5				

#16

8					2	3	5	
	7							6
				6	3		7	
7				5	4	2		8
	4	8	3					
	3	2	6	9	5			
		4	8	2				5

#17

				9			2	
			4	1		3		
2	7	4	5					
8								9
4	9	7	3			2		
	6			5			4	
9				7				
		8				9		7
		5	1					

#18

			5				9	
		3						8
		7	8	9		6		3
6	4			7			5	
								7
	3		2		5			
						2		
	5						8	1
1	8	6	3				4	5

#19

								1
			9			8		
6		8			1		7	4
						7	2	
			3			6		
1	9	5		2				
2	4				5			
5	8							3
7		6	8					

#22

	8						7	
			6		7	5		4
9	7	4						
				2		7		
8	6				4		1	3
3								
	3		7		5		6	
					2	3		
			1	6				8

#20

	8		6					
						9	2	
		7						5
					6			7
9	2	6	8					
7	3		2	4		6		
		9						
			9	8	2		5	
		4			5	7	9	8

#23

		7	5	9			6	8
2			1				3	5
					6			
3	2	7				4	8	
6	8							
								7
		8	4	6				
								9
	1	5			7			

#21

9							1	
				3	9			
4	3		1	6				
		8				4		2
2			5	9		1		
7				6			8	9
3				1		2		
						8	7	
	4							5

#24

9							4	
		7						
2				5				
	6					9		
7	9	5						3
				3				
	8				5		2	1
			2	1	4	3		8
		1	6		9	5		

#25

					9		8	6
2	5	8	3	4		9		
4	9		6					1
					3			
				5				2
8		7			1	4		
6	4	3	2					
						7		

#26

1			5	8	2		9	
7	8							1
		2		6			4	
		4			3			
								6
			8				7	9
		3						
	2				6	7	3	
	6							8

#27

1					9	7		
	3	2	5				9	
				8	2		1	
		3				4		
		9	4		5		3	1
	4	1						6
				8	6			
5	9			7				3

#28

	4		1			2		3
		5	3		6	8		
	6						7	
6	2			9				
9		3	6					7
			7	5				
								6
4			9					
						4	2	

#29

1				8	4			7
5					7	8	1	9
7								
	7	2			1			3
			6	3				4
9				4		1		
				7	8			
		1						
				4			2	6

#30

				7			9	1
			8					3
4							8	
	1		9		7			
	5			6				
8		9		4			5	2
5		1	3			9	2	
	2	8						
							1	8

#31

2	5							6
9				1		2		5
8				2	9			
		9		8	7	1		
4								
				7				
5		6	1	9	2		7	
	3				8		6	1

#32

		8	4		9	6		
							7	
7		3			6	8		9
5			6					
	7		1					6
	1	4		8				
	3	6	8		7	9		4
				9		3		

#33

	9					8	1	
		3		7		2		
8	2		6		1			4
6		4						
	1			4		3	5	
		7	9			1		
	3		5			4	6	

#34

3		5	1		6		7	4
6			5		4			
								1
7								2
		2		8				
	5		9					
	3			4				
	2	6			5			3
				7			1	

#35

	6		3	9		1	2	
						4	7	
4	2	1						
9								
		8	7	4	6			5
					3			2
			8	7	5	6		
							3	
7	9	6						

#36

	6				9			
	1		2	4			3	8
				5	8			
			8	6	7	5	2	
	3							4
								7
4								
		3		8	4			2
	7	6	5					

#37

1								
		8				3		
	9				3		1	
	7	9		8				
					6			
5		4	9	7				3
9			4	1		5		
4					6		9	7
				8			6	4

#40

				1	3			
	4			5	6	9		
					7		2	
			8					
	6	9		7				2
7				6	5			9
5	3	2					8	
	7	4						1
	9	6						

#38

		7			3	2		5
	1		5	7	4			
				2				7
	9		3			8		
		2		5				6
5						3		
	8							
4		1	8					
6						5		9

#41

					1	6		
	7				5			
			8	4				
	5						8	
9		8	1	2		5		
	1		9				2	
7	9							
				3	4		5	2
		4	6				7	3

#39

2	5				4			
				9	6			
			1			5		
		4		8		9		
	8	2	3					
		7			5	8		
		6						1
3				9	6		7	
				1	2			4

#42

	4	9	2	3	5	1		
3	7		4	1				
5			9					
4							7	
	8		1					
								9
		2		9			3	5
						7	2	1
1					7			

#43

			8	4				
	4	8	2	5	7	9		
								4
		6				7	9	
	2			3	9			
	9		1	7	6			
		9					5	2
6		5				8		7
	7							

#46

								6
6		5						4
					7	1		
	8		4	7				
5							2	7
	1		9		8	5		
	2	1		3		7		8
8				2	9			
						5		

#44

1			8	2		5		6
		6						1
4		9						2
			2	1		3		
			9	3	5			
	7					2		
2					9	6		
9				6				3
			3		2			4

#47

						5		1
2	4		1		5			
				8			3	
		1	4					9
	5	6		9				
	2						4	
						2		6
7	6						9	
		9	5					

#45

	8			2				
					1		4	
			3	5	8	7	6	
6				3			8	5
		2						
			9				1	
	9	5		8	6	4		
	4			9		8		
		8						

#48

8								
				8			1	2
		7			4			
3		6						
								7
		1	9	2		5	6	
4		3		5		7		
1	5	2			7	6	8	
						8		

#49

5				9	7	2		
8			5		4			
		7	1		8	6		
				7				
	4						8	
3					5	1		
1	9				2	8		
							9	1
		4				5		6

#50

4	8	3				5		
	1					7		
9				2				
						8	3	4
5				8	7	2	1	
8	2	7	3	4				
		1					5	
					6			2

#51

9				1				2
	3					6		
				4	3			
			5					4
					3	9		
				4	7	6		
7	9	4	2	6		5		
					9		8	6
3	6							

#52

					1	6		
	9			3		8		
4								
		7			9			2
			4	8	7			
				2			5	8
6	1		9					
3			5				2	
		8	4	6		2		9

#53

1				3	6			9
6		2						
				9		7		
7			8			4		
								3
			7	2		8		1
		4		7	8			2
	6	1	4	5				

#54

		6	5		8	2		4
		5	9			7	6	
						1	4	6
2	9	3						
		7				9		2
				7	3		5	
	4			1				3

#55

								5
				3	6			4
9		8				1		
	8				7			
	3	7	4	1			8	
4	5		8					
					5			
		4		9		7		
				7	1	9		

#58

	4			9				
					5	4		
	7			3	1	9	6	
8		2		1			6	9
9				6				5
7	5							
					9		7	
2	8							
			3		2			

#56

9			5	2				
		6						
7		2	3			8	9	
2	3				6			
							4	
				7			8	9
			9					
6				5	1			
4					3	1	2	

#59

			6				2	
								9
8	2				5	4	3	
	4			7	6	1	8	
9				2	8			
						9		4
3	8							
4		7		1		3		8

#57

1	9	8		3				
			6			7	1	
	4				9			
		7						
	5				2		3	
	8			9	6			
8	2		5		3	1	6	
				6				8
			9					2

#60

6	9		7					
								3
		8	4			1	9	
9				2	8			
	7		9	5	4			
							5	
	2	5						
						3		8
1	6				7		9	5

#61

	7				3			
	5		9	2	1	6		
3		1				8		
	2					9		8
			6	4	2	3		
2						1	6	
				1		2		
		4	2	6				9

#62

				2	8	1		3
	6	3		5				
1			3					
	8			3		9		
9		7			6			
				4		8	2	
	4				5		8	
3	9	5	2					6

#63

				2				
								5
4		6	7			9		1
	6	9			4	1		
				1	2		3	6
2	7							
	9		8			6	5	4
		8						
	4				1			3

#64

9								3
				1	6			
	3	6		5			1	
2								8
4						5		
		1	2	7	4		6	
	7		4	3				
					5			4
1				8				

#65

		3					1	4
						8	2	6
6				9	3			
	2		5					
9			6			7		
		1		4		6	8	
	4							
	5		2		8			
				1	6			3

#66

		5	7	6	3	8		
	5		2	9		4		
	9							
	2	4	1					
5		9	7		2	4		3
	8							
7		3			4			1
							2	4

#67

			5			7		
8	7	1			4	6		5
4			8		6		1	
7	6	3			1			
		4					2	
					4			
			1	3				
	3					7		
9								8

#70

	7					4		6
			1				8	
		9			3			
		7		5				9
5		6		9			4	
	4				8			
		5	6				2	3
				3	1		6	
	1		8	2				

#68

7	4							2
			6	2		3	7	
			9					
6	5		3				4	
		8		4	9			
		2						5
				8				
	3					1		
	9				1	7	2	3

#71

		4		5		3		
	8	1	6	3			4	9
				4	7			
	9	7		2		4		
						7		
2				8		6		
	7	6						
				7	4		8	
5			3					

#69

				4	5		1	2
				3		9		
4		1						
7					1			
5		8			6			
			5	8		4		1
1		3					6	8
		7						
		6				5	7	9

#72

				3		7		
	5							3
				6	2			
		3	9					6
7	2							4
5		9	2	1			3	
4	9							
			8		7			2
	3	7			1			5

#73

							6	
9	7	2						
			1			9	8	
				7	4			
			6				7	3
	1		3					
4			7		3	2		
		6	8				5	
2		3						8

#74

				2			3	
					3	8		6
			7		6		9	5
2	3			5			6	
		8			9			7
		1				3		
	5						2	
8			5	7				4

#75

8	4	6	7			3		
		5						
								6
	5				3		9	7
9		8						3
					7		8	
6	3		4	1			7	8
7				2				
					8	1		

#76

		9	3					
3		4	6	1				
	6			9	7			
					2	9	3	
							8	
	5	8			9	2		7
	2			8				
6				7		5		
								3

#77

						5	8	3
2			9					1
3	1				9			
					7	1	6	5
	7							
	9	5		1		7	2	
7		3						
		2	1					4
	8			2				

#78

	8		6	9	5			
			3			1		
		2		1			5	
4		9	2		8			
5								6
	1	8						
					4	8		9
1				2	9		7	
			5	7				

#79

9	2			6		5		
1		7	5					
							8	
8								
				5			4	2
	6		1			3		
7		8	6					
						9		
6			3	8	4			1

#82

4						8	5	3
	3	5	9					
				4				
			1		2		9	
	2	3	5				6	
	9							
								8
	4			9				6
		6		1	7	9	2	4

#80

				8			2	5
1					7			
		7			3		8	
6								
5	3						6	2
		4	8	7		1		
	6	8	3	4	1		7	

#83

	6	7		8	2		3	
9							7	
					7			
	5		8			7		1
					3	2	5	
5	7		6	2		4	8	
	1				9			
4		9			5			

#81

	5		1		4			
						5		
	8	2	6		3		9	
		3	2	9		5	8	
								3
2	6							
			8	7		9	3	
		9						
1				5			2	8

#84

						1		7
	7		3	9				
					4		8	
	8							
	2						3	
		3	5	6			7	1
2	6	8						
							9	5
		4		7	1			

#85

2	4		1	8		9		
9	6		2		7			
								8
	2		7					
								6
			4			8	2	1	5
5					2	7	4	
3			5					
			8	4	9			

#88

		7	4					
4					8			9
	6			3	7	5		
8			5	2				
			3			1		
		2	8	1	9			
	1						9	
6								
	7	3						8

#86

6								
	3			4				
		9	8	1				
			1			3		
								8
	6	4		8	7			9
	9			5	3		1	
	5	1		4				2
		7						6

#89

	6	4	2					7
2		7	6	3	5	8		
	5	6					1	9
						2		8
	2	8	9	5		4		
				9	1			
	8	2	4		7			

#87

7				6		4		3
			3		2			
					1			6
	6	4					7	5
9	7				3	2		
		2						
		3				1		
2						9		8
8	9		5			7		

#90

	6	8		9	1			2
9	3		4					
4		2					7	9
			5			2		8
			4	8		7		5
	1							
								4
					3			
			2	4	6	5		7

#91

5			1				9	
		2						3
			2	6		5		
	4	9		3				5
	3	8	7					
					4			
2		7			1			
				4			1	6

#92

	5			9		4		
	4	8						2
4			2	5				7
	2			8				3
			1	6	5			
		7	8	6				
8		6	1			3		4

#93

				4	9		8	
	4	1		6				
						9		3
2				1		7		6
4		7	3	9				
					8	5		
	1			2				
	9	6	1		7			

#94

		9						1
	6		5	1	8	9	3	
		3					2	7
		4	1	6				
					2	8	4	
		3				2	9	
	1		9			7		
9		2						8

#95

7	4	6					5	9
				5			1	
		1	3				6	4
2								
	3			5	7			
				4			8	6
	8		7		3	4		
			9	6		7		5

#96

	2	7	8		5		6	4
	8	1			7		9	
				6		8	7	
			4					
				2				
	9	3					8	7
	6	9		3				
						4		1
2								6

#97

	5	7	6	4	2	9		8
3	2				1	9		4
	6		7					4
		2		3	1	8		
				9		3		
	4	8					7	
2								1

#98

2		7	4			5	8	
	3							
6								
			7		2		3	1
5	8		1		6			
			5	4	9		7	
		6	8	3			5	
		1						

#99

7				4		8		2
					8			6
4				5		1		
	2	6	8					5
	4							
				7		4		
					1		3	
9		5	3					
						7		9

#100

		3	8		7	9		
1					9			
	7			4				
						2	5	8
		7	3			4		
								1
	9		5	3	4	7		
	8	5	9					
					2			

#101

				2	6			
	1		4	8		9		
				7				
		6			3		7	9
8	5					2		
								1
	9	2	5		8		3	
	8	3			4			5

#102

7				2				
	9	5	4	1		6		
		8		6	3	2		
		6		4		8	1	
			5			3		
	3	4						
1				8		4	2	3
								9

#103

		9						1
				4				3
1	4		6	8				
		1		3	7			2
4	7							
		9			5	8		
		2						5
					3	9	2	8

#106

1			9	3				
		2						
			1	6	4		2	9
			2		5	9		
		3						4
4	1		3					
				7	6			
5		6					1	8
	7					6		

#104

1	9							
	3				5	8	9	
	2	4					6	
								5
					3			2
	4	9	5		1			8
		3	9					7
				7	8		4	3
4	8							

#107

5								
		7	2					1
6		9					2	8
4	9	1	7		2	5		6
				6				
					9	1	7	
8		2						
				4				
			3	5				9

#105

		5	7		8			
				4				
	4			8	9			5
8				6	2			4
2	9		7		8		6	
							3	
7	3							2
		5	6		7	1		

#108

			2				7	
	5	9			6			
3	6		4		1	8		9
		9	7		4		3	
				1				
	8							6
4					1		6	
								8
						9	7	2

#109

		9						
				5	6		3	
2		4			7	5		
	4	1	7			9		5
					2	4		
9								7
7			2		1			
1						8		
	2	8	6		3			

#110

1	8			6	3			
				4	1			
						8	2	
8			6	1				
				5			7	8
4	7				2			
			7		2			1
7					9	6		
	1	5				3		

#111

	5		1	8				4
	4						7	
3								
8				5				
				1				3
	3	6			9	7	1	2
6	8				3	5		
							9	8
7				3				6

#112

8			7	5				4
	1		8	6	2			
7	6							
							1	8
	5		2	1	3			
		3					6	
		7				9		3
3				5	8	7	6	

#113

					1			
		1		5		4		
	5		7	8				
					7			2
		9						
4	6					9	8	1
	4	5	8	9			1	
	9	8	6	7				3
								5

#114

		9					6	
				3				4
8	3	1		2		9		
		3						
	1		3	7	5	6	4	
	4	7	8		1			
			6	1				
	2							3
	9				4			

#115

8	5	6	4		3			2
3		9	2					
			3			2		
5				7		6		
					1	3	8	4
			1	8				
	7	3						
9							4	5

#118

		8						
						9		4
	9		4		5		8	7
				1				
		1	8		3			9
2		6						3
			7				5	2
6	7		2	9		4		
	3							

#116

		5	2		8		3	1
	8				9		7	4
1								
	1	9				6		
				4	7			3
5		7	4			2		
3			5					
							4	7

#119

1		9						
				6		7		8
	3			4	2		9	
	6	8					1	2
4	5				6			
			5	2	7			
				1	9			
								7
	1							3

#117

	1			6	5	3		
9								
				5				7
				5		9		
4		7						
			1	2	4	7		5
8	9							
				8	7			
	6	2			9	4		

#120

						4		
4	3							
				1	5			2
		2	4	9	3	7		
						8		
	1	5	8					4
	9	3	6					
	8		2	5	3	9		
								5

#121

				5				8
		5	8		1	6		
9								2
				6		5		
	1						7	3
	3		4	7			9	
6					4	3		
			6	9				1

#122

								2
			3				4	
9			7			8	1	
		6	5		9			
			1				3	
	8	2	9	4				
6		7	8	5				
							5	1
1	5		4					

#123

		7		6	9			
5						6		
2				8		4		
				2				
	8				3	5	1	
			1	7	6	9		
			1	5		4	3	6
7	3			9				2

#124

2			4					
		5			8	4	6	1
7			3		1	9		
		4	1					
5		3						
				2	5	6		
							3	6
	3	8				1		
1						8		5

#125

		7		8				
				9		7		8
2							1	
	6	8			3	9		1
	2		4	5	8			
					1			3
		9	8					
		3			4	8	9	7

#126

9	6	7			2			
							8	
			9	7	1			
	4					1		8
6					4			5
				8			6	
	7	1	5					
		6		1	7		5	
5				9				2

#127

1			6		4			
6						8	1	2
		2						3
	4	5	8		9			
								5
						4	7	
		1	3	4	2	8		
8	9	4	1			6		

#130

	3	6		7			2	
8	1		3	2				
				9	8	1	5	
7					8		2	3	9
			2	5	4			
						9	4	
	2					5		
					9			7

#128

						7		
		3					6	2
2				6	8			9
				5	9			
	9	5	6		7		1	
6			2					
				3		5		
	8	6		2				
	2					9	8	4

#131

3	4							
					8		3	2
				5		1		
		4	1		6			3
	2	6	3	9			8	
	9		2				7	
6	7	1		3			4	
				8				1

#129

6		4	8	9				
7	8	9			2			
3			4					
9				6		3	5	1
						6		4
				5			7	
						8	2	
4					9			3

#132

					6			
			4	7	1		8	
		7		6	2	4		3
6		5			3	8		2
	1		6					
3					7			
8								
				8	9	5		6
	4	1						

#133

3		2		1				
		1			8	7	6	
6					5			
					4			
			5	2				
1		8		7			5	
				5		3	7	
9	3		4					2
	2			8				5

#134

	3	1						
				7	6		9	4
2	5		3	4				6
8								
		3						
					2		5	
	9			6			2	7
3			2	9			4	8

#135

			8			7	4	3
6		7		2	4			
	7		4		3	5		6
			7	1		9	2	
5								
							7	
3			6	4				8
		2	5	3				

#136

				1	4		2	9
	9	1	2	6		7	8	
			9					
6	7			9				
						1	8	6
		2			5	3		
1	3	6		7				2

#137

			6				8	7
2		5			1			4
8				3	7	1		
6	1	2	5					
				9				
		7	2			9		
				4	3	7	2	6

#138

7							3	
	6						2	
		5	3		9			
6		1	4		3	7		
	7							
3	2			7	6		1	
			8		1	2		
2								6
					5	1	4	7

#139

				9			1	
					6			7
5		3			4	2		
	3	7			8			
							9	5
		6	4				8	
				1	5	6		
	4		6		3			
6	7	2						

#140

	3	2			9			
		1			6	9		4
4		9	1	2				
		3	4	9		8	6	
			5				3	2
2					7			
							4	
1				2	5		8	

#141

			5			9		6
3	7				9	4	5	
6								2
7			1	4		8		
	1	6			2			
								1
5	9			2				
								3
4				3	8		5	

#142

	1	9			5	6		7
7	2						1	
							8	4
	3	4			9			
		6	2	5		8		1
	4	3	8	1				6
		2		4				
								8

#143

		5						
	4	3	9					1
9	6		5				8	
			7		3			8
5	7	4	6					
3								
					2			9
			4	7			6	2
		2			8	1		

#144

3	7	5						
6			2				5	
								3
	4	1		8				
					7			1
						3		
			8					2
		9	1		3	8	4	5
5	2			7	6			

#145

	1					3	7	
		3		1	6			
9				5	4	1		
			9	4				
		5		7	3		9	
4	7	9	8					
		8						
							4	
7	2						8	3

#146

4						3	6	7
7		6	5					
								2
				6		8	7	
6		9			8			
	7		3				5	
	6					9	2	1
	9				1			
	2					3		

#147

				7	2			
			5		4	1	2	7
			1					
	1							
	2	5		4	1	6		8
6	8		2				5	
3					8	2	9	6
			1	4				

#148

			3					
	6	8						2
							9	6
7				9	3	5		8
8								
		5	9	6	8			
	7	3			9	1	6	
2	9		5	6				

#149

								5
9						7	3	
			5			4		
		1			9		2	
5			4	6	3	9		
	8		1	5				
1	7	3	9	8				
		6						
				3			9	6

#150

				4	2			
	8	1		3			6	
6	4		9					
7								1
	6		4		8	9		
9				6	7	5		
				4		3		5
4	1	3						
								2

#151

		6						
2		9	8					
			7		2	1		
	2							4
3	7		5			9		
				8	9	3		
			2					8
	4	3						
					3		4	6

#152

			2		8			
		5	3				1	2
2						9		
		2						
	7				6			
	3			7	6	4		9
5				1	2			6
4	8		7		9			

#153

	7	4						
			7		5			
		1			3		5	8
			1					
4				8	2			6
7		8				5	4	
						9		
		5	2	1		3		4
6			9					

#154

			4	8		1	9	
		2				6	5	4
6			4		7		9	
1	4			6	9	7	8	5
	7	3	9			6		
					3			
	5			4				

#155

5				2	8			
7			1	4				
					6			
	8				4			
	4		7				2	5
		9						
							8	1
			4		1	5		9
			6		8	2	7	5

#156

1	7				2			3
					5		8	
		6		8				1
		3		9				2
		4		1	8	9		
8			7	3	6		5	
					3			
			6				2	5

#157

		4		1		3		
					9	4		7
		8	3	7			6	2
1					8			
	6						2	
		2		4				1
5								
						4		
		2			9	5	8	6

#158

	7	6		4		5	2	3
9			8	6				
							9	
			9					
	2			3				
			2	1				7
	1			5		7		
		3	6					2
5						9		4

#159

7	2	5	9			1		
			2	7	1	6		
			8					
3								6
1	5	4		9		8		
	7						9	
8				3				
4	9				7		1	2

#160

6						2		
	4	8						
				3	4			
	2			9	5			
			2					6
		1		8				
	1						6	7
	9	4			1			8
				2			9	3

#161

	8	5		7			9	1
			5		1			
			2					5
			3		7			
		4	8			2	1	
		1			2	8		
	9			5	3	7		2
7	2							4

#162

2				7		8		
					9			4
	4	6	3			5		9
		2				4	7	
	3	8	9	4				
		7	1		5			
9					2	1		
	8							

#163

8		4						
	5			8	9		4	
9	7			6			8	
							6	1
		7	6	3		2	5	
4				7	5			8
		5						
			7					
					4	5		6

#166

5	1	8					2	
	7	6					1	
							6	3
	6	9			7			
				8		1		
9					6		5	
	5		2			7		1
		4	5					2

#164

	3	4	1					9
5		9						
					8	4	6	3
		5						8
				7	2		9	1
4	9							
			4		3		1	
		6	5	9		8	7	

#167

7				6	1			
			7	5		8		
	9	6	4					
						5	9	
2	4							
			8	3		7		1
6	5	8		2		9		
		4		1	8	2		

#165

9		5	4	1			2	8
			2		3	5	9	
	4						3	
			1	5				
8								
	1				2	4		
		1						
				7		4	6	1
5		4						7

#168

6				2			4	5
		9	1			3		
			5				1	2
8	2	3						1
		4						
				9	8			
7	1					5	2	
				8			7	
				5		4		9

#169

2								
	1	5	8					
			3	4				
	3	6	9	2		1		
					7	5		
				6		2		8
9	8		5			6	2	
5	7				8			1

#172

	5	7	9		8		1	
				6		7		2
6	9		3					
8				1	7		5	
		7						
	7			3	9	8		
		3	5		4		6	7

#170

	5	3						
				5		9	7	
	6	8		7	1			4
8			1		3			
	1		8	6	5		3	
				9				
		4	9		6			
		5				1	6	
								2

#173

6	9	3		2			7	
				9		4		
		8					2	
	6		1					3
	2							
							9	6
			4					
	7				5	3	4	
4			3		9		8	7

#171

		4			7			
	8	2	1					
		5		4	2			7
	9	7	2	8				
				6	3	2		
2				1		9		6
	1	8			4			
					8			
			6					1

#174

	3	5						
4					2			
		7		5		9	4	6
3							8	
		9				2		
				7			9	1
5	6			3				
		2	5			7		
	7	3	9					4

#175

	1			2			3	
								6
2				3		8	1	
5			6					
		3		5		4	2	1
8		2			9			4
		1	7					
4	7					3	6	8

#178

6			4					9
5	4							
			8				3	7
	2	1	9	3				
9							6	1
					5			
	9	2		7				
	3		6	1			9	2

#176

6	8	5						
7		9	6				3	
		2		4				6
8	3			9				2
					9			
		6	5	3				8
9								
					6	4		
				5	8			9

#179

2	5			8			4	9
		8	4					
				5		3		
							6	2
								1
9	1	6		7				
		4					9	5
7			5					4
5	3			8		2		7

#177

3	7					2		
		1	6		9	3		7
	3	5						
9					7	1	6	
	2		9			3		
		6		3	8	1		
					4			
				5			7	9

#180

3		1			7		4	
	5	7	3					1
	4		6					7
						2		
				9	7			8
			2	1		9		
	6							
1		8	5					
			3				5	2

#181

	9		8					1
			7					
1				9	5		2	
2		3	4					
						9		4
								8
		6	1		3	5	7	
					6	1		
	2		5	4				9

#182

8				5				3
1					8		6	5
2	4		7				9	
	7		4					
9								
			9		2		5	7
6			8	2		1	7	
	2	4						

#183

8	6						7	3
		3						
	1					8	2	
	2				7		3	
7			4			2		
			8	9				
					8			
			6	1				7
		3	1	2			6	9

#184

	4							
		5						6
3		2			7		5	
				8			4	
	5	6		9	4	7		3
		9	2	6				
1								5
		8				4		
				3		8	9	7

#185

6								8
	1		2			7		4
4	5							
				8			3	
	9							
		2		9		6		
9	7	6	3	5				
					9			
	8			7		2		5

#186

					9		2	7
6	7			3		9		8
					5		9	3
7	5	6				8		
3				7				
			1					
	8				6		4	9
5	6	4			7			

#187

				6	2			3
6		8	3	5			7	
3								6
					8	2	9	
					1			
	1				7			5
		2			6	9	8	
			5	9				
		9						

#190

1	5			8	2			
		7			6			5
			5			4		
	3	6				9		
							2	
8			4	6	9			
3	1	8						
					5			6
						7	8	3

#188

3						8		7
6								
2				3		6		
			6	3		9		
8	5	9			4		1	3
	2	6				5		
			7		1	2	9	
		7			6			8

#191

5	7							
		8		4			6	
	6	3			1			7
9	3		4	1	7		8	
		5			6		4	
								8
7			1	9		6		
	4		6	8				

#189

7	5	4			9	1		6
6							9	
						4		
				3				
3	7		2					
					7		5	9
		2	8					
		6		1				7
5	4	7	6					8

#192

2			7				1	4
		7					2	8
				6				
	2							
			9		1		5	
1	4							9
	8		4	1	2	9	6	
						9	4	
					3	5		1

#193

9				1				
			9				8	1
			5		8		7	6
		2	3		4			
				7	5			3
	3	5	2					
4		8				6		
				2	1		5	
							1	9

#194

	4	7		2		3	8	
	6		7				5	
				8	4			9
6			4					
							7	
2		9	8	3	7			
					3	5		
7	2	3				4		6

#195

		9	4			6		
				7				
4					5			9
		3		5	2		7	
	7	5			8			
6		4			1	5	9	
		6		2	8			
			6			3		
								4

#196

				1				
			8	9				7
		9		6				1
		7		3			1	8
		8	7			5		9
9						7		
	2							3
	6		4			2		
				6				

#197

					9		4	
								3
		9	1	7	2			
4				2	1			
							1	
		3	6	9	4			
2					5	9		
8		5	6					2
9	6	4						

#198

						3		7
6				5	2			
		1						5
2		6	1	9				
			7					
		5		6		1		8
		8	2	1				
	4	2			3	5		6
								9

#199

				4	8			
2				4	8			
4	7	6						
	8							
		9	3					
			6	1			8	5
				7			9	
9					4		1	8
	6	4	1			9		
		3						6

#200

	2							
		6	3		7			
				1		9	2	
	4				5			
		7	4		6	1		8
3				2				9
			1					
			2	4	5	7	9	6
			6	3	4			

#201

	6			5	2		3	
		8			6		9	
8				7				
								7
	2			3			6	
	8				3	6		
				9		5	1	8
5	4		1					9

#202

					9			
4	6	3						
							7	4
7	9			1				
	1	6						9
				9	7			8
	5					9		
		4						1
2			4	6			3	5

#203

	8	4		3				
				5	4	2		
2								
	9		7				3	
8		3	9	4	5		2	
	1					5		7
	4				1			3
5	3						8	
								6

#204

	1					4		
3			8					6
						7		
				1	3	5		
6	4						3	9
		5			4		1	
		1	6			2	9	
					9	6		8

#205

7							9	
			6					4	1
		4			3			
			5				3	8
8	5					2		6
				9				2
	9	1			4			3
				2	8		5	9

#206

6	9							1
	4		2				7	
	5	8	4					
4	6			8				
								3
		3			1	9		8
				8	2	6	7	
			1	6	2			

#207

1	3	8						
				2			1	
						4	3	
7	9				1	8	4	
				9		5		
		6		7			2	
		5	1		9			
	1		2	6	3			4

#208

8	2			1				
9	1	5						
						7		
						2	6	8
		2	8	4	1			3
	3							
					6			
		1	3					
			5		7	6	8	4

#209

9		2	1	8	4		5	
				2				
4		6		7		3	8	
				5				
	7				2			
				3			2	1
5	4		6					
1								5
3							4	7

#210

	1	9	3	5				
		6	9	8				
							8	
	4						1	
3					2	9	6	
	9		1		8	3		
			4			2	3	
9		3	7					
					6			

#211

9				2				
		1			6	2		
7					8		9	1
	3					6		
								4
		7	6		9	8		
						7		
			7	5	3	9	4	6
			8	1				3

#212

3	9				5			2
5				1	2	3	9	8
					1	5		
8			6					
4		1	7					
							1	
						9		
		5	2	8	3			4

#213

8			3					4
					7	9		5
		4	9	5	6			
1				7				2
2					3		7	
		6						
7								
4		2						3
9		3	8		2		1	

#214

	1						4	2
	8			3				
						6	3	
6		8			4	7	1	
9	5	2	6					3
1	7				8			
				7				1
	9	5						
					2			6

#215

				4				6
	4	8				9	5	1
9		5						
				8				4
	2				7			8
		9		2			1	
1	5							
			3	1			8	
6						1	2	9

#216

4	8	9	6					7
2						1		
				3			9	
	5	8			1			9
			7				1	3
9	1			6				
	7	5		9		3		
						6	7	8

#217

4		3		8				
8			5		7			2
				2				9
					3			
		2						7
7					2	8	9	
6	8		7					
	9	5						
				5			4	1

#218

9				5				
			8		3		5	
6		5					8	3
								5
		7	9	8				1
		9	5			3	6	8
	3				6			
			2	7				
	2	1		6				

#219

		5	8					7
			5	9	2		3	
	9					4		
	6	8		2				
4				5				
		1				6	5	4
1			7	6	3			
							8	
3					9			1

#220

6								2
	2			3		5		
8	3					7		
						2	9	1
		2	7	4			5	6
1	5		4	7				
	9				2	8		4

#221

4		3		5		1		
	8		3			9		
								4
1	7	4		3				
								2
							1	
					1	2	9	
		2		4	7	3	5	
		6		9			4	7

#222

								4
		9						
	1	6		9	7			3
				2		9		
5	2							1
		4		1	3		2	6
9	7	3	8	4	2			
			5	9				
						6	3	

#223

							5	7
6		4		7				
				8				
9	3	8						
	7				3	2	6	
						4		
	4		3				2	
			5	8	6		3	
5			1	4				6

#224

						1		
2								8
1	8	9		5	7		2	
		3		6	2		8	7
4			9			2	6	
			1					
7					6	9		
	3	1						
		4			5			

#225

	4	1						9
			7		6	2		
						7		
				9				3
9	7			4				1
			3					8
3		6	1			4		
5					2			
		9						

#226

8							9	5
		9		5				
		3	4					
					7	3		9
7			3		4			6
3	6							4
1		8		7				
			1		9			
	2					7		8

#227

2							3	5
		7		4		8	6	
9	1							
				1	9			7
	8		3	7				
	3							
				2	7			
	1	7			5			
					8			4

#228

	6							
4								
	5	2	9	8				
						5	7	4
	2			6				3
				4	3		9	
			2					9
	1	9	7	5		2		
						4	1	7

#229

	2						5	
1			5	4				
						8	4	7
7	1		4		6			
							1	
	8					4	3	9
3				5	8	6		
		5	6				7	
		2			3			

#232

		3						
		4					2	9
	1			6	5			
	6			3		1		
				4	9			8
7						3		
		2	9			7		
2		6			8			
	9		1		8			

#230

3	7	4						
					9			
1			4	2			3	
	6			5				3
	1				7			9
		5	3	9				8
6		9	1	4				
					4			
7								5

#233

6	8			5				4
7			6					9
			9	4				
			3					
9	5					6		
	2				6	1	7	
1		7		3		9		
				4				
				7			8	

#231

5	9					7		
				2				6
	1							8
	4	7	1		2			
					8	4		
1		2	5					
				2		6		3
4	8		3		6		1	2
6								7

#234

	6	3	5					
2				8				5
9								1
		8						
1				4	5	6		
4	9		1	7	3			
							4	
			6	1	7		8	
	7	1		3				

#235

	7	3	4				9	
1	6							
			9		3			
	4		6	1				2
3		7	8	2				
			1			6	3	
		8				7		
	2		3			8		4

#238

		8		2		4		
3						1	8	6
							2	9
1								
9	5	2			8			
				9	3		1	
2	1			4	5			
			3		7		4	5
					2			

#236

		2	1		8	9	5	
3				2		6		
			9		5	3	7	
	3	6				8	1	
				1				
6		8		4		1		
			5					
	9					5	6	3

#239

	6				2			
	7		9					1
3		1		6	7	5	9	
						1		5
	2	6	4	1				
			7					
								9
5	8	4						
						8	5	7

#237

2		5			6		8	
				2				
		6		9	1	5		
1	2							
8	3	4	5	1				
		4						
							5	
		3	7		1			
	8			4		7	6	

#240

			3	9		5		
8	9		6	4				
			1		6			
	5		6		1		3	
9	2	8	3					
	1	3						
			5					
					7		1	
3	7		2					

#241

							9	2
				6		3		
4								
	1			5				7
	2				3	1	8	6
6	4			8	7			
						5		
7			5				4	9
		2			9		1	3

#244

		4	3					8
	6				5		4	
	5			2	6	9		
9								3
		8	9	3		6		
5					8			
				6				
	9							4
	1		2	9		3		

#242

9	2	6						
					4			
		3				5	7	
		2			3	6		
						4		
7			9	8				
	3			1	5		6	
4	1	5			6	7		
							9	5

#245

							8	
	4	8			2			
6								
			8		4			
1				6			5	7
8			1					6
	3	2			8	9		
			6		9	4	3	2
					5			

#243

		7	8					1
6		2	7			8		
					3	2		
				8				3
			4					9
		5				1		
1								4
5		8		9	4	3	7	
9	7							8

#246

	7							1
			2					
5		3			1	9		6
9		1	5		6			
						9	1	8
6		8	3		2			5
3	2			6				
7		9	1					

#247

			4	3				2
6		1					5	
7			1	2				
						5		
			9		8	4		
				4		9		
1				7				
2					9			
	9	4					1	6

#250

				8			4	
1	5					6		3
	3						8	
	9	7	4					
4								
		5	3	7				1
						3		2
9	6				1	7		8

#248

				5		1		8
	8			2				3
	6	2		9				5
	4	5			7	3		
		8				6		
				1		2		
					6		9	
		4	5					
	2		1					

#251

			3					5
5	7		2					9
	2						8	3
				2				
3			1					6
	6			5		4	1	
1		4				9		
			6	1		8	2	
				7	4			

#249

9		4						
					3	1		8
	8		9			5		
				4		1	5	
		8		3		4		
		2	1	8				7
		5						
	9	3	8		7			
							2	1

#252

				5			8	
		4	3				7	1
	8	3	1	7				
		1	5					6
						1	5	
	5			4		3		
2	3			1				
	1	6						9

#253

	7					8	1	
		1						
5					9			
	2			5				
1			3		2	4		5
		3	9			6	7	
	8	9			4	5	1	
3		2			7			

#256

							5	
5				9	6	1	8	
					4	8		
		4		5	2			
								9
	6		9	7		3		
		8				2	1	
	3							
4	2			3	7		9	6

#254

		4			7		1	
			2					
3	7					2	4	
4								
							7	9
9					8			
8				3	2	7		
		2		9	5	4	3	6
		5	4					

#257

		7		5				3
	2		9					
		4			2		5	7
4	8	5						
7								2
1	6						4	
6	3				5	7	1	4
					3	6		8

#255

	6		2		7		1	
					1		2	9
	2	6			4			5
3	1	8						7
5						9		
2		7		8				4
	9			4		8		
				3	9			

#258

			2					
8	2	1	7					5
				1	5			7
	3							
	7	2				4	3	1
5				6		7	9	
	9	7		2	8			
								8
4					5			

#259

		5			8	7	6	
7					2	1		3
1								
		3	5	6				
				9				
					4	2		
		8	1					
	1	6	3			9		5
					6	4		

#262

		4			8			7
2			9			5		
					5	2	4	
8	4	7	6			3	5	
				7				2
		3		2	4			
	6	1				9		
4							7	

#260

2	8	1	3					
	7		8	5	6	9		
							6	7
		8	7		4	1	9	
		3						
	1			2		4	8	
			5		8	7	3	
				4				

#263

9			5			2	7	8
	1			8	3	4		6
5								
		2					9	
1				7	3			5
8	6			9	2		1	
7		5						
				3			2	

#261

7		6						
	9	3	6					
				7				
9		8	1		7			
	1		5			4		
								2
		9						
				8		4	6	
	2		9	4			3	8

#264

	4	2	9	3				
8					6	5		
	6				2		4	1
3		5	6		8			9
			4			3	2	7
6		7			1			
								6

#265

		9		8				6
5					7	2		1
		7	4	5	6	8		3
1			7					
	3			1				2
	9						7	
6	7				2			9
		5	3					

#268

3		9						
			5	7				
						8		
		2						
	7	4		8				6
	1				9	3		5
8				1	3		9	7
		6		2				
					5		6	8

#266

			5	4				
			2			7		1
					3			
3				9				
	9	1			5			
	5		6	4				
					8			
	3		1	5				9
7		3	8		3	6	5	

#269

9	2	5	7					
			4	9	8			3
		8	3		5		2	
					4		6	
						1		9
		6				9		
1	5			6	3	8		
	4							

#267

	5							2
1	2		7	3				
			1			4		
						5	7	
	9			5	3	2		
3								
	8			3				
	7			8	9		1	
2	1	9		7				

#270

			4	1				9
1	4		5			3		
		2						
3		5				1		
			7	6	5			
7			1		8	2		
							5	
		4	9	6	1	8		
	1	3						

#271

					5	4		
1					5	4		
	3	7	2			6		1
9		4			7			3
				3				9
		8	1				5	
							4	
2		8				6	3	
	6							
								5

#272

1	2						9	8
		8	6	7				5
					1	4		
			3	8		5		
3	9	7		4				
4								
	5		4					
	1				7		9	3

#273

	4	3			2			
		8			6			
			6					7
			5	6	4			3
	6	9		7				
			2					
	1		5	9				
	3	2				7	9	
			4				8	

#274

	6			3		7	2	
	4	2		5	9			
						5		8
2	8							5
				1		3		
3	9	6						
			1	5	3			
	4	3						
				4			2	9

#275

					9			1
4	9		5	2				
					3			2
		3					1	
				7	1	4		
			6	3		5		
		8						
1	5			6				
		2		1		8		6

#276

9						1		
	2							
				6	1	4		
			2	5				3
1				3		6	4	8
	4	3	8			5	2	
					9	8		
	1	6						
	6			2				4

#277

	5	7					1	3
				5			8	4
6		4			3			2
3	8	1			6	9		
				3				8
	4	2						
				1	9			
		9	8			5		

#278

	7		9			1		5
							7	9
		3						
	6							
			4		3	7	1	2
		7		8	2		9	4
	3	4			8		5	
		8						
		5	2					1

#279

	2			9	1	3		
	7		2					
	4	9		3				
		7			5		6	9
		3		8				1
1	9				4	5		
					3		4	2
					7		9	6

#280

1		9	7	2	4	3	6	
								2
6							1	8
	3	1						
					9			1
7					2			3
4					3			9
3			5	1	6	7		

#281

	5			9				1
			6	3				4
							5	2
1					7			6
2								
	9	7		5		8	2	
3				4				
	2		5	1	6	9		

#282

		2	6					9
6					3		8	
9	4		8			2	3	
4			9	2				1
		7						
					8	1	7	
				5				
					4	8		
		4	3		9			2

#283

			8					
2		3						
		6	7		1		5	
					8		3	
	8	4			2	7		
7				3	2	1		
		2	4			9	8	
1	3					4		
					9			

#286

	2			4		6		
						3		
		9					2	
2	8				7			
5			2					
			1	8	4			
	3			9		5		
			8	6				9
8		7	5					3

#284

		5	9			4	8	
4	8		5		1			
	6			9	8			7
8			2				5	
	3			6			2	
	2	4						
			1			3	4	
						9		1

#287

		9		4			6	3
					3			2
			6			8	4	
								6
6			5	2	8			
9	8	1						
	2	5	8	6				9
		6	7	9				
								1

#285

	3			7	1	2		4
				3	2		8	
2	9							
		3	4			6	2	9
	7							3
		1				5		
					9	8	1	
7	6			5	4			

#288

			2		9	4		5
			9	8	5		7	
	6	4					8	
8		1	3	9		5		
	9	8	1	6				
			4		3	6		
2						1	4	

#289

				3			2	
8				2			5	4
	6						8	7
	4	7		5				
					7			9
					3			
				4				8
	7	2			8	4	6	5

#292

1	2		7		8	5		
	3							
		5					2	4
	6	3						
							1	
5		7		4	2	6		
			6					
					3			5
4				9		8	6	3

#290

9						3	8	
		3	4				7	
	8	7	6					
		9			2	1	4	
				6				3
7	1	4						2
	9							
1			9	8		4		
					3			8

#293

6			2				1	
				1	9			8
1			7			6		
		8			1			5
4		7	5		3	9		6
5			4					
	4						2	
							5	3
	3							1

#291

	3							4
		8			9	7		5
4							1	3
9		4		8				
				1		6		
6								
	7			2	5			
	2			6	3	1	4	8
	4				5			

#294

				7				
				4		6		
5			2	9			3	1
	7	8		4		3	2	
9							6	7
		2				5		
	3			8	1			
							1	
	4						9	3

#295

	7				9			
		2	8			9		
	6	3	1			5		2
4	9	6				8	3	
5	3							
			5		6			
							6	9
			3	6	4			
								8

#298

	1	9						
8	7							
		4	8	5				
				3	1	6	8	
		1						7
3					4			1
2	9		6	8		7	1	
	6			2				9

#296

7				8				
		3	5		1			
			7				2	6
	2			3	9			
6								2
	3				2	7		4
5	6	8						3
9								
						6		5

#299

7				1		2		
	8		9			5		3
		2	5			9	8	
3				9				
4				3			7	9
			8					
					8			
		1		4				6
							3	5

#297

			9	4			3	
	2				1	8	4	
7					6			
	5				3			
1		6	7		2			
		8	6	3				
		9	4					
	8			9			2	1

#300

	1	6		9			2	8
7	2	5						
		8			6		7	
5		9						
	7	1		8	2			
					4	3	5	7
							9	
				6		4		1

Solutions

Your voice is important:

Please support us and leave a review!

Copyright © 2020 by SBRT Notebooks
All rights reserved

#1

8	1	3	4	7	6	5	9	2
4	2	6	3	5	9	1	8	7
7	9	5	1	8	2	6	4	3
5	8	4	2	1	3	7	6	9
9	3	1	6	4	7	2	5	8
2	6	7	8	9	5	3	1	4
1	5	9	7	2	8	4	3	6
3	7	8	5	6	4	9	2	1
6	4	2	9	3	1	8	7	5

#2

1	9	2	7	8	4	3	6	5
6	8	3	2	1	5	9	4	7
5	4	7	9	6	3	1	8	2
3	5	1	4	2	9	8	7	6
2	7	8	3	5	6	4	1	9
4	6	9	1	7	8	5	2	3
9	2	4	8	3	7	6	5	1
8	1	6	5	9	2	7	3	4
7	3	5	6	4	1	2	9	8

#3

1	5	8	3	4	7	2	6	9
2	4	9	1	6	8	3	5	7
7	3	6	5	2	9	1	4	8
5	8	1	7	3	6	9	2	4
4	2	7	8	9	5	6	1	3
9	6	3	2	1	4	8	7	5
3	7	2	9	5	1	4	8	6
8	9	4	6	7	2	5	3	1
6	1	5	4	8	3	7	9	2

#4

2	9	5	6	8	3	7	4	1
6	4	3	7	5	1	9	8	2
7	8	1	2	4	9	6	5	3
4	5	9	1	3	7	8	2	6
8	2	6	4	9	5	3	1	7
1	3	7	8	6	2	4	9	5
9	1	8	3	2	6	5	7	4
3	7	4	5	1	8	2	6	9
5	6	2	9	7	4	1	3	8

#5

2	1	7	4	9	3	8	5	6
8	3	6	7	1	5	9	4	2
9	4	5	6	8	2	1	7	3
4	2	9	1	5	6	3	8	7
1	6	3	8	4	7	5	2	9
5	7	8	3	2	9	6	1	4
7	8	2	9	3	1	4	6	5
6	9	4	5	7	8	2	3	1
3	5	1	2	6	4	7	9	8

#6

5	7	9	3	6	1	4	8	2
4	2	6	9	7	8	3	1	5
8	1	3	5	2	4	7	6	9
6	8	5	1	4	3	9	2	7
2	3	4	6	9	7	1	5	8
7	9	1	2	8	5	6	3	4
9	4	2	8	3	6	5	7	1
1	6	8	7	5	9	2	4	3
3	5	7	4	1	2	8	9	6

#7

5	3	7	6	2	4	1	9	8
6	9	8	5	3	1	2	7	4
1	4	2	8	9	7	6	5	3
9	6	4	3	8	5	7	1	2
2	7	5	4	1	6	3	8	9
3	8	1	2	7	9	4	6	5
4	1	6	9	5	2	8	3	7
7	5	3	1	4	8	9	2	6
8	2	9	7	6	3	5	4	1

#8

1	5	3	4	2	9	8	7	6
2	4	8	3	7	6	9	1	5
7	6	9	8	1	5	4	2	3
4	8	1	9	5	3	7	6	2
5	3	6	2	8	7	1	4	9
9	2	7	6	4	1	3	5	8
3	9	2	1	6	4	5	8	7
8	1	5	7	9	2	6	3	4
6	7	4	5	3	8	2	9	1

#9

3	7	6	4	8	5	9	1	2
9	2	5	1	7	6	4	8	3
8	4	1	2	9	3	5	7	6
6	8	4	5	3	2	7	9	1
7	1	3	6	4	9	8	2	5
2	5	9	7	1	8	3	6	4
5	9	8	3	6	1	2	4	7
1	3	7	9	2	4	6	5	8
4	6	2	8	5	7	1	3	9

#10

1	4	3	8	7	5	6	9	2
6	9	2	3	1	4	8	7	5
8	7	5	9	2	6	4	3	1
4	6	8	5	3	2	9	1	7
2	5	1	4	9	7	3	8	6
9	3	7	1	6	8	5	2	4
3	2	9	6	4	1	7	5	8
7	8	4	2	5	3	1	6	9
5	1	6	7	8	9	2	4	3

#11

8	5	6	9	1	3	2	4	7
3	9	7	4	6	2	8	1	5
2	4	1	5	7	8	9	3	6
7	6	8	1	4	5	3	2	9
1	3	4	6	2	9	5	7	8
5	2	9	3	8	7	4	6	1
6	8	5	2	3	1	7	9	4
4	7	3	8	9	6	1	5	2
9	1	2	7	5	4	6	8	3

#12

9	7	3	8	1	2	4	6	5
4	2	8	7	6	5	3	1	9
1	6	5	3	4	9	7	2	8
8	4	7	6	3	1	5	9	2
2	9	6	5	7	4	1	8	3
5	3	1	2	9	8	6	4	7
3	1	4	9	2	7	8	5	6
6	5	2	1	8	3	9	7	4
7	8	9	4	5	6	2	3	1

#13

3	4	8	6	2	1	9	7	5
7	5	1	3	4	9	2	6	8
2	6	9	8	5	7	4	1	3
1	9	7	5	6	3	8	4	2
8	2	6	7	9	4	3	5	1
5	3	4	2	1	8	6	9	7
9	1	5	4	3	2	7	8	6
4	8	2	1	7	6	5	3	9
6	7	3	9	8	5	1	2	4

#14

7	6	1	4	9	2	3	8	5
8	3	9	1	6	5	4	7	2
2	5	4	7	8	3	9	6	1
9	7	3	8	5	1	6	2	4
5	1	8	2	4	6	7	3	9
4	2	6	9	3	7	5	1	8
6	4	2	3	1	9	8	5	7
3	9	7	5	2	8	1	4	6
1	8	5	6	7	4	2	9	3

#15

3	9	1	6	8	7	4	2	5
7	2	8	4	9	5	6	1	3
5	4	6	3	1	2	8	9	7
6	8	2	5	3	9	1	7	4
1	3	5	7	6	4	9	8	2
4	7	9	1	2	8	5	3	6
2	5	4	9	7	1	3	6	8
9	6	7	8	4	3	2	5	1
8	1	3	2	5	6	7	4	9

#16

8	1	6	7	4	2	3	5	9
3	7	5	1	8	9	4	2	6
4	2	9	5	6	3	8	7	1
9	5	1	2	7	8	6	4	3
7	6	3	9	5	4	2	1	8
2	4	8	3	1	6	5	9	7
1	3	2	6	9	5	7	8	4
5	8	7	4	3	1	9	6	2
6	9	4	8	2	7	1	3	5

#17

5	3	1	7	9	6	8	2	4
6	8	9	4	1	2	3	7	5
2	7	4	5	8	3	6	9	1
8	5	3	2	7	4	1	6	9
4	9	7	3	6	1	2	5	8
1	6	2	9	5	8	7	4	3
9	1	6	8	4	7	5	3	2
3	4	8	6	2	5	9	1	7
7	2	5	1	3	9	4	8	6

#18

2	6	8	5	3	7	1	9	4
4	9	3	6	1	2	5	7	8
5	1	7	8	9	4	6	2	3
6	4	1	9	7	3	8	5	2
8	2	5	4	6	1	9	3	7
7	3	9	2	8	5	4	1	6
3	7	4	1	5	8	2	6	9
9	5	2	7	4	6	3	8	1
1	8	6	3	2	9	7	4	5

#19

9	5	7	4	8	6	2	3	1
4	2	1	9	7	3	8	5	6
6	3	8	2	5	1	9	7	4
3	6	4	5	1	8	7	2	9
8	7	2	3	4	9	1	6	5
1	9	5	6	2	7	3	4	8
2	4	3	1	9	5	6	8	7
5	8	9	7	6	2	4	1	3
7	1	6	8	3	4	5	9	2

#20

5	8	2	6	3	9	1	7	4
6	4	1	7	5	8	9	2	3
3	9	7	1	2	4	8	6	5
4	1	8	5	9	6	2	3	7
9	2	6	8	7	3	5	4	1
7	3	5	2	4	1	6	8	9
8	5	9	4	6	7	3	1	2
1	7	3	9	8	2	4	5	6
2	6	4	3	1	5	7	9	8

#21

9	2	6	8	5	4	7	1	3
8	7	1	2	3	9	6	5	4
4	3	5	1	6	7	9	2	8
5	9	8	3	7	1	4	6	2
2	6	4	5	9	8	1	3	7
7	1	3	4	2	6	5	8	9
3	8	9	7	1	5	2	4	6
6	5	2	9	4	3	8	7	1
1	4	7	6	8	2	3	9	5

#22

5	8	6	4	3	9	2	7	1
1	2	3	6	8	7	5	9	4
9	7	4	2	5	1	8	3	6
4	1	9	3	2	6	7	8	5
8	6	2	5	7	4	9	1	3
3	5	7	9	1	8	6	4	2
2	3	8	7	4	5	1	6	9
6	4	1	8	9	2	3	5	7
7	9	5	1	6	3	4	2	8

#23

1	4	3	7	5	9	2	6	8
2	7	6	1	4	8	3	9	5
8	5	9	3	2	6	7	1	4
3	2	7	9	1	5	4	8	6
6	8	1	2	7	4	9	5	3
5	9	4	6	8	3	1	2	7
9	3	8	4	6	2	5	7	1
7	6	2	5	3	1	8	4	9
4	1	5	8	9	7	6	3	2

#24

9	5	8	1	6	3	2	4	7
6	1	7	4	9	2	8	3	5
2	3	4	7	5	8	1	6	9
1	6	3	5	4	7	9	8	2
7	9	5	8	2	6	4	1	3
8	4	2	9	3	1	7	5	6
4	8	9	3	7	5	6	2	1
5	7	6	2	1	4	3	9	8
3	2	1	6	8	9	5	7	4

#25

9	6	1	8	7	5	2	3	4
3	7	4	1	2	9	5	8	6
2	5	8	3	4	6	9	1	7
4	9	5	6	8	2	3	7	1
7	8	2	9	1	3	6	4	5
1	3	6	7	5	4	8	9	2
8	2	7	5	3	1	4	6	9
6	4	3	2	9	7	1	5	8
5	1	9	4	6	8	7	2	3

#28

8	4	9	1	7	5	2	6	3
2	7	5	3	4	6	8	1	9
3	6	1	2	8	9	5	7	4
6	2	7	4	9	1	3	5	8
9	5	3	6	2	8	1	4	7
1	8	4	7	5	3	6	9	2
7	3	2	5	1	4	9	8	6
4	1	8	9	6	2	7	3	5
5	9	6	8	3	7	4	2	1

#26

1	3	4	5	8	2	6	9	7
7	8	6	3	4	9	2	5	1
9	5	2	7	6	1	8	4	3
2	4	7	6	9	3	1	8	5
3	9	8	1	7	5	4	2	6
6	1	5	8	2	4	3	7	9
5	7	3	4	1	8	9	6	2
8	2	1	9	5	6	7	3	4
4	6	9	2	3	7	5	1	8

#29

1	2	9	5	8	4	3	6	7
5	4	6	3	2	7	8	1	9
7	3	8	1	9	6	4	5	2
4	7	2	8	5	1	6	9	3
8	1	5	6	3	9	2	7	4
9	6	3	7	4	2	1	8	5
6	9	4	2	7	8	5	3	1
2	5	1	9	6	3	7	4	8
3	8	7	4	1	5	9	2	6

#27

1	5	8	3	4	9	7	6	2
6	3	2	5	1	7	8	9	4
9	7	4	6	8	2	3	1	5
7	1	3	2	9	6	4	5	8
4	6	5	1	3	8	9	2	7
2	8	9	4	7	5	6	3	1
8	4	1	9	5	3	2	7	6
3	2	7	8	6	1	5	4	9
5	9	6	7	2	4	1	8	3

#30

2	8	3	6	7	4	5	9	1
1	6	5	8	9	2	7	4	3
4	9	7	5	3	1	2	8	6
6	1	2	9	5	7	8	3	4
3	5	4	2	6	8	1	7	9
8	7	9	1	4	3	6	5	2
5	4	1	3	8	6	9	2	7
7	2	8	4	1	9	3	6	5
9	3	6	7	2	5	4	1	8

#31

2	5	1	7	3	4	8	9	6
9	7	4	8	1	6	2	3	5
8	6	3	5	2	9	4	1	7
6	2	9	3	8	7	1	5	4
3	1	7	2	4	5	6	8	9
4	8	5	9	6	1	7	2	3
1	9	8	6	7	3	5	4	2
5	4	6	1	9	2	3	7	8
7	3	2	4	5	8	9	6	1

#32

1	2	8	4	7	9	6	3	5
9	6	5	3	2	8	4	7	1
7	4	3	5	1	6	8	2	9
5	8	9	6	3	2	1	4	7
3	7	2	1	9	4	5	8	6
6	1	4	7	8	5	2	9	3
2	3	6	8	5	7	9	1	4
4	9	7	2	6	1	3	5	8
8	5	1	9	4	3	7	6	2

#33

7	9	6	4	3	2	5	8	1
1	4	3	8	7	5	2	6	9
8	2	5	6	9	1	3	7	4
6	7	4	3	5	9	1	2	8
3	5	2	1	6	8	9	4	7
9	1	8	7	2	4	6	3	5
4	8	9	2	1	6	7	5	3
5	6	7	9	4	3	8	1	2
2	3	1	5	8	7	4	9	6

#34

3	8	5	1	9	6	2	7	4
6	7	1	5	2	4	8	3	9
2	4	9	7	3	8	6	5	1
7	6	4	3	5	1	9	8	2
9	1	2	4	8	7	3	6	5
8	5	3	9	6	2	1	4	7
1	3	7	6	4	9	5	2	8
4	2	6	8	1	5	7	9	3
5	9	8	2	7	3	4	1	6

#35

5	6	7	3	9	4	1	2	8
3	8	9	5	2	1	4	7	6
4	2	1	6	8	7	9	5	3
9	5	3	2	1	8	7	6	4
2	1	8	7	4	6	3	9	5
6	7	4	9	5	3	8	1	2
1	3	2	8	7	5	6	4	9
8	4	5	1	6	9	2	3	7
7	9	6	4	3	2	5	8	1

#36

8	6	2	3	7	1	9	4	5
5	1	9	2	4	6	7	3	8
3	4	7	9	5	8	2	6	1
1	9	4	8	6	7	5	2	3
7	3	8	1	2	5	6	9	4
6	2	5	4	3	9	8	1	7
4	8	1	7	9	2	3	5	6
9	5	3	6	8	4	1	7	2
2	7	6	5	1	3	4	8	9

#37

1	3	5	7	2	8	9	4	6
7	4	8	1	9	6	3	2	5
6	9	2	5	4	3	7	1	8
3	7	9	6	8	2	4	5	1
8	2	1	3	5	4	6	7	9
5	6	4	9	7	1	2	8	3
9	8	6	4	1	7	5	3	2
4	1	3	2	6	5	8	9	7
2	5	7	8	3	9	1	6	4

#40

9	8	5	2	1	4	3	6	7
2	4	7	3	5	6	9	1	8
6	1	3	9	8	7	4	2	5
3	5	1	8	2	9	7	4	6
4	6	9	1	7	3	8	5	2
7	2	8	4	6	5	1	3	9
5	3	2	7	9	1	6	8	4
8	7	4	6	3	2	5	9	1
1	9	6	5	4	8	2	7	3

#38

9	4	7	1	8	3	2	6	5
2	1	6	5	7	4	3	9	8
8	3	5	9	2	6	1	4	7
1	9	4	3	6	7	8	5	2
3	7	2	4	5	8	9	1	6
5	6	8	2	1	9	7	3	4
7	8	9	6	3	5	4	2	1
4	5	1	8	9	2	6	7	3
6	2	3	7	4	1	5	8	9

#41

4	8	9	2	7	1	6	3	5
1	7	6	3	9	5	2	4	8
2	3	5	8	4	6	7	9	1
3	5	2	4	6	7	1	8	9
9	4	8	1	2	3	5	6	7
6	1	7	9	5	8	3	2	4
7	9	3	5	8	2	4	1	6
8	6	1	7	3	4	9	5	2
5	2	4	6	1	9	8	7	3

#39

2	5	1	6	7	3	4	8	9
7	4	3	8	5	9	6	1	2
6	9	8	1	2	4	7	5	3
5	6	4	2	8	1	9	3	7
9	8	2	3	6	7	1	4	5
1	3	7	9	4	5	8	2	6
4	2	6	7	3	8	5	9	1
3	1	5	4	9	6	2	7	8
8	7	9	5	1	2	3	6	4

#42

6	4	9	2	3	5	1	8	7
3	7	8	4	1	6	9	5	2
5	2	1	9	7	8	3	6	4
4	1	6	3	5	9	2	7	8
9	8	7	1	6	2	5	4	3
2	5	3	7	8	4	6	1	9
7	6	2	8	9	1	4	3	5
8	9	5	6	4	3	7	2	1
1	3	4	5	2	7	8	9	6

#43

9	6	3	8	4	1	2	7	5
1	4	8	2	5	7	9	3	6
2	5	7	9	6	3	1	8	4
5	3	6	4	2	8	7	9	1
7	2	1	5	3	9	4	6	8
8	9	4	1	7	6	5	2	3
3	8	9	7	1	4	6	5	2
6	1	5	3	9	2	8	4	7
4	7	2	6	8	5	3	1	9

#44

1	3	7	8	2	4	5	9	6
8	2	6	5	9	3	4	7	1
4	5	9	6	7	1	8	3	2
5	9	4	2	1	7	3	6	8
6	8	2	9	3	5	1	4	7
3	7	1	4	8	6	2	5	9
2	1	3	7	4	9	6	8	5
9	4	5	1	6	8	7	2	3
7	6	8	3	5	2	9	1	4

#45

7	8	6	4	2	9	1	5	3
5	3	9	6	7	1	2	4	8
4	2	1	3	5	8	7	6	9
6	7	4	1	3	2	9	8	5
9	1	2	8	6	5	3	7	4
8	5	3	9	4	7	6	1	2
2	9	5	7	8	6	4	3	1
1	4	7	5	9	3	8	2	6
3	6	8	2	1	4	5	9	7

#46

1	9	8	2	5	4	3	7	6
6	7	5	1	9	3	2	8	4
2	3	4	8	6	7	1	9	5
3	8	2	4	7	5	6	1	9
5	4	9	3	1	6	8	2	7
7	1	6	9	2	8	5	4	3
4	2	1	5	3	9	7	6	8
8	5	7	6	4	2	9	3	1
9	6	3	7	8	1	4	5	2

#47

3	9	7	2	4	6	5	8	1
2	4	8	1	3	5	9	6	7
6	1	5	8	7	9	4	3	2
8	7	1	4	2	3	6	5	9
4	5	6	7	9	8	1	2	3
9	2	3	6	5	1	7	4	8
5	3	4	9	8	7	2	1	6
7	6	2	3	1	4	8	9	5
1	8	9	5	6	2	3	7	4

#48

8	1	4	5	3	2	9	7	6
9	3	5	7	8	6	4	1	2
2	6	7	1	9	4	8	5	3
3	2	6	8	7	5	1	9	4
5	9	8	4	6	1	2	3	7
7	4	1	9	2	3	5	6	8
4	8	3	6	5	9	7	2	1
1	5	2	3	4	7	6	8	9
6	7	9	2	1	8	3	4	5

#49

5	1	3	6	9	7	2	4	8
8	6	9	5	2	4	3	1	7
4	2	7	1	3	8	6	5	9
6	5	2	8	7	1	9	3	4
9	4	1	2	6	3	7	8	5
3	7	8	9	4	5	1	6	2
1	9	6	4	5	2	8	7	3
2	3	5	7	8	6	4	9	1
7	8	4	3	1	9	5	2	6

#52

7	2	5	8	9	1	6	3	4
1	9	6	2	3	4	8	7	5
4	3	8	7	6	5	2	9	1
8	6	7	3	5	9	1	4	2
2	5	1	4	8	7	9	6	3
9	4	3	1	2	6	7	5	8
6	1	2	9	4	3	5	8	7
3	7	9	5	1	8	4	2	6
5	8	4	6	7	2	3	1	9

#50

4	8	3	6	7	9	5	2	1
2	1	6	5	3	4	7	9	8
9	7	5	2	1	8	6	4	3
1	6	8	4	2	3	9	7	5
7	9	2	1	5	6	8	3	4
5	3	4	9	8	7	2	1	6
8	2	7	3	4	5	1	6	9
6	4	1	8	9	2	3	5	7
3	5	9	7	6	1	4	8	2

#53

1	4	7	5	3	6	2	8	9
6	9	2	1	8	7	3	5	4
3	8	5	2	9	4	7	1	6
7	1	9	8	6	3	4	2	5
5	2	8	9	4	1	6	7	3
4	3	6	7	2	5	8	9	1
9	5	4	3	7	8	1	6	2
8	6	1	4	5	2	9	3	7
2	7	3	6	1	9	5	4	8

#51

9	4	7	1	5	6	8	3	2
5	3	1	9	8	2	6	4	7
8	2	6	7	4	3	9	5	1
6	8	3	5	7	9	1	2	4
4	7	5	6	2	1	3	9	8
2	1	9	8	3	4	7	6	5
7	9	4	2	6	8	5	1	3
1	5	2	3	9	7	4	8	6
3	6	8	4	1	5	2	7	9

#54

1	7	6	5	3	8	2	9	4
2	9	4	1	6	7	8	3	5
8	3	5	9	2	4	7	6	1
7	5	3	8	9	2	1	4	6
6	2	9	3	4	1	5	8	7
4	8	1	7	5	6	3	2	9
3	6	7	4	8	5	9	1	2
9	1	2	6	7	3	4	5	8
5	4	8	2	1	9	6	7	3

#55

1	4	3	7	8	9	6	2	5
5	7	2	1	3	6	8	9	4
9	6	8	5	2	4	1	3	7
2	8	1	9	5	7	4	6	3
6	3	7	4	1	2	5	8	9
4	5	9	8	6	3	2	7	1
7	9	6	2	4	5	3	1	8
3	1	4	6	9	8	7	5	2
8	2	5	3	7	1	9	4	6

#56

9	1	3	5	2	8	4	7	6
8	4	6	7	1	9	2	5	3
7	5	2	3	6	4	8	9	1
2	3	8	4	9	6	7	1	5
1	7	9	8	3	5	6	4	2
5	6	4	1	7	2	3	8	9
3	2	1	9	4	7	5	6	8
6	8	7	2	5	1	9	3	4
4	9	5	6	8	3	1	2	7

#57

1	9	8	4	3	7	2	5	6
5	3	2	6	9	8	7	1	4
7	4	6	1	2	5	9	8	3
2	1	7	3	4	6	8	9	5
6	5	9	8	1	2	4	3	7
4	8	3	7	5	9	6	2	1
8	2	4	5	7	3	1	6	9
9	7	5	2	6	1	3	4	8
3	6	1	9	8	4	5	7	2

#58

6	4	3	8	9	1	5	2	7
1	2	9	6	7	5	4	3	8
5	7	8	4	2	3	1	9	6
8	3	2	5	1	4	7	6	9
9	1	4	2	6	7	3	8	5
7	5	6	9	3	8	2	1	4
3	6	5	1	4	9	8	7	2
2	8	1	7	5	6	9	4	3
4	9	7	3	8	2	6	5	1

#59

7	9	4	6	3	1	8	2	5
6	3	5	8	4	2	7	1	9
8	2	1	7	9	5	4	3	6
5	4	3	9	7	6	1	8	2
9	1	6	4	2	8	5	7	3
2	7	8	1	5	3	9	6	4
3	8	9	5	6	7	2	4	1
1	5	2	3	8	4	6	9	7
4	6	7	2	1	9	3	5	8

#60

6	9	2	7	4	3	5	8	1
5	1	7	8	9	2	6	4	3
3	8	4	5	6	1	9	7	2
9	5	6	3	2	8	7	1	4
2	7	1	9	5	4	8	3	6
4	3	8	1	7	6	2	5	9
8	2	5	4	3	9	1	6	7
7	4	9	6	1	5	3	2	8
1	6	3	2	8	7	4	9	5

#61

6	7	2	5	8	3	4	9	1
4	5	8	9	2	1	6	7	3
3	9	1	4	7	6	8	5	2
7	4	3	8	1	9	5	2	6
1	2	6	3	5	7	9	4	8
5	8	9	6	4	2	3	1	7
2	3	5	7	9	8	1	6	4
9	6	7	1	3	4	2	8	5
8	1	4	2	6	5	7	3	9

#64

9	1	5	8	4	2	6	7	3
7	4	2	3	1	6	8	9	5
8	3	6	9	5	7	4	1	2
2	6	7	5	9	3	1	4	8
4	9	3	6	8	1	2	5	7
5	8	1	2	7	4	3	6	9
6	7	8	4	3	9	5	2	1
3	2	9	1	6	5	7	8	4
1	5	4	7	2	8	9	3	6

#62

4	7	9	6	2	8	1	5	3
2	6	3	9	5	1	7	4	8
1	5	8	3	7	4	6	9	2
5	8	4	7	3	2	9	6	1
9	2	7	8	1	6	5	3	4
6	3	1	5	4	9	8	2	7
7	4	2	1	6	5	3	8	9
3	9	5	2	8	7	4	1	6
8	1	6	4	9	3	2	7	5

#65

2	8	3	6	7	5	9	1	4
5	7	9	4	3	1	8	2	6
6	4	1	8	2	9	3	5	7
4	2	6	5	8	7	1	3	9
9	1	8	3	6	2	4	7	5
7	3	5	1	9	4	2	6	8
1	6	4	9	5	3	7	8	2
3	5	7	2	4	8	6	9	1
8	9	2	7	1	6	5	4	3

#63

5	1	3	6	2	9	4	7	8
9	2	7	1	4	8	3	6	5
4	8	6	7	5	3	9	2	1
3	6	9	5	7	4	1	8	2
8	5	4	9	1	2	7	3	6
2	7	1	3	8	6	5	4	9
1	9	2	8	3	7	6	5	4
6	3	8	4	9	5	2	1	7
7	4	5	2	6	1	8	9	3

#66

2	4	1	5	7	6	3	8	9
6	3	5	8	2	9	1	4	7
8	9	7	4	3	1	2	6	5
1	7	8	6	4	3	9	5	2
3	2	4	1	9	5	6	7	8
5	6	9	7	8	2	4	1	3
4	8	2	9	1	7	5	3	6
7	5	3	2	6	4	8	9	1
9	1	6	3	5	8	7	2	4

#67

3	2	6	5	1	9	7	8	4
8	7	1	3	2	4	6	9	5
4	5	9	8	7	6	2	1	3
7	6	3	2	4	1	8	5	9
5	9	4	6	8	7	3	2	1
2	1	8	9	5	3	4	6	7
6	8	7	1	3	5	9	4	2
1	3	2	4	9	8	5	7	6
9	4	5	7	6	2	1	3	8

#68

7	4	3	1	8	5	6	9	2
9	8	5	6	2	4	3	7	1
2	6	1	9	7	3	4	5	8
6	5	9	3	1	2	8	4	7
3	7	8	5	4	9	2	1	6
4	1	2	8	6	7	9	3	5
1	2	4	7	3	8	5	6	9
5	3	7	2	9	6	1	8	4
8	9	6	4	5	1	7	2	3

#69

8	3	9	7	4	5	6	1	2
6	2	5	1	3	8	9	4	7
4	7	1	2	6	9	3	8	5
7	9	4	3	2	1	8	5	6
5	1	8	4	9	6	7	2	3
3	6	2	5	8	7	4	9	1
1	5	3	9	7	4	2	6	8
9	8	7	6	5	2	1	3	4
2	4	6	8	1	3	5	7	9

#70

3	7	1	2	8	9	4	5	6
4	6	5	1	7	3	9	8	2
8	2	9	6	4	5	3	1	7
1	8	7	4	5	6	2	3	9
5	3	6	7	9	2	8	4	1
9	4	2	3	1	8	6	7	5
7	9	8	5	6	4	1	2	3
2	5	4	9	3	1	7	6	8
6	1	3	8	2	7	5	9	4

#71

9	6	4	8	5	1	3	2	7
7	8	1	6	3	2	5	4	9
3	5	2	9	4	7	8	1	6
6	9	7	1	2	3	4	5	8
8	1	3	4	6	5	7	9	2
2	4	5	7	9	8	1	6	3
4	7	6	5	8	9	2	3	1
1	3	9	2	7	4	6	8	5
5	2	8	3	1	6	9	7	4

#72

2	6	4	5	3	9	7	8	1
9	5	1	7	4	8	2	6	3
3	7	8	1	6	2	4	5	9
1	8	3	9	7	4	5	2	6
7	2	6	3	8	5	9	1	4
5	4	9	2	1	6	8	3	7
4	9	2	6	5	3	1	7	8
6	1	5	8	9	7	3	4	2
8	3	7	4	2	1	6	9	5

#73

1	3	8	2	9	5	4	6	7
9	7	2	4	6	8	1	3	5
6	4	5	1	3	7	9	8	2
3	6	9	5	7	4	8	2	1
8	2	4	6	1	9	5	7	3
5	1	7	3	8	2	6	4	9
4	8	1	7	5	3	2	9	6
7	9	6	8	2	1	3	5	4
2	5	3	9	4	6	7	1	8

#74

6	7	9	8	2	5	4	3	1
1	2	5	9	4	3	8	7	6
3	8	4	7	1	6	2	9	5
2	3	7	4	5	1	9	6	8
5	6	8	2	3	9	1	4	7
9	4	1	6	8	7	3	5	2
7	1	2	3	6	4	5	8	9
4	5	6	1	9	8	7	2	3
8	9	3	5	7	2	6	1	4

#75

8	4	6	7	5	2	9	3	1
3	9	5	8	6	1	7	2	4
2	1	7	9	3	4	8	5	6
4	5	2	1	8	3	6	9	7
9	7	8	2	4	6	5	1	3
1	6	3	5	9	7	4	8	2
6	3	9	4	1	5	2	7	8
7	8	1	6	2	9	3	4	5
5	2	4	3	7	8	1	6	9

#76

2	1	9	3	4	8	7	5	6
3	7	4	6	1	5	8	9	2
8	6	5	2	9	7	3	1	4
7	4	6	8	5	2	9	3	1
9	3	2	7	6	1	4	8	5
1	5	8	4	3	9	2	6	7
4	2	1	5	8	3	6	7	9
6	9	3	1	7	4	5	2	8
5	8	7	9	2	6	1	4	3

#77

9	6	7	2	4	1	5	8	3
2	5	4	9	3	8	6	7	1
3	1	8	7	6	5	9	4	2
8	2	3	4	9	7	1	6	5
1	7	6	8	5	2	4	3	9
4	9	5	6	1	3	7	2	8
7	4	1	3	8	9	2	5	6
5	3	2	1	7	6	8	9	4
6	8	9	5	2	4	3	1	7

#78

7	8	1	6	9	5	3	2	4
9	5	4	3	8	2	1	6	7
6	3	2	4	1	7	9	5	8
4	6	9	2	5	8	7	1	3
5	2	7	9	3	1	4	8	6
3	1	8	7	4	6	5	9	2
2	7	5	1	6	4	8	3	9
1	4	3	8	2	9	6	7	5
8	9	6	5	7	3	2	4	1

#79

9	2	3	4	6	8	5	1	7
1	8	7	5	2	3	4	6	9
4	5	6	9	7	1	2	8	3
8	4	9	2	3	6	1	7	5
3	7	1	8	9	5	6	4	2
2	6	5	1	4	7	9	3	8
7	1	8	6	5	9	3	2	4
5	3	4	7	1	2	8	9	6
6	9	2	3	8	4	7	5	1

#80

8	7	2	9	3	5	6	1	4
3	9	6	1	8	4	7	2	5
1	4	5	2	6	7	8	9	3
4	2	7	6	5	3	9	8	1
6	8	1	4	2	9	3	5	7
5	3	9	7	1	8	4	6	2
9	5	4	8	7	2	1	3	6
2	6	8	3	4	1	5	7	9
7	1	3	5	9	6	2	4	8

#81

9	5	6	1	8	4	3	7	2
3	4	1	9	2	7	8	5	6
7	8	2	6	5	3	4	9	1
4	1	3	2	9	6	5	8	7
5	9	7	4	1	8	2	6	3
2	6	8	7	3	5	1	4	9
6	2	5	8	7	1	9	3	4
8	7	9	3	4	2	6	1	5
1	3	4	5	6	9	7	2	8

#82

4	7	9	6	2	1	8	5	3
1	3	5	9	7	8	6	4	2
2	6	8	3	4	5	1	7	9
5	8	4	1	6	2	3	9	7
7	2	3	5	8	9	4	6	1
6	9	1	7	3	4	2	8	5
9	1	2	4	5	6	7	3	8
8	4	7	2	9	3	5	1	6
3	5	6	8	1	7	9	2	4

#83

1	6	7	4	8	2	9	3	5
2	3	5	9	7	6	1	4	8
9	8	4	3	1	5	6	7	2
6	4	1	2	5	7	8	9	3
3	5	2	8	9	4	7	6	1
7	9	8	1	6	3	2	5	4
5	7	3	6	2	1	4	8	9
8	1	6	5	4	9	3	2	7
4	2	9	7	3	8	5	1	6

#84

4	3	9	8	2	6	1	5	7
8	7	1	3	9	5	6	4	2
6	5	2	7	1	4	3	8	9
1	8	5	2	3	7	4	9	6
7	2	6	1	4	9	5	3	8
9	4	3	5	6	8	2	7	1
2	6	8	9	5	3	7	1	4
3	1	7	4	8	2	9	6	5
5	9	4	6	7	1	8	2	3

#85

2	4	5	1	8	3	9	6	7
9	6	8	2	5	7	4	3	1
1	3	7	6	9	4	5	2	8
8	2	1	7	6	5	3	9	4
4	5	3	9	2	1	8	7	6
6	7	9	4	3	8	2	1	5
5	8	6	3	1	2	7	4	9
3	9	4	5	7	6	1	8	2
7	1	2	8	4	9	6	5	3

#86

6	4	2	5	3	9	7	8	1
8	1	3	2	7	4	6	9	5
5	7	9	8	1	6	2	4	3
9	2	8	1	6	5	4	3	7
7	3	5	4	9	2	1	6	8
1	6	4	3	8	7	5	2	9
2	9	6	7	5	3	8	1	4
3	5	1	6	4	8	9	7	2
4	8	7	9	2	1	3	5	6

#87

7	1	9	8	6	5	4	2	3
4	8	6	3	9	2	5	1	7
3	2	5	7	4	1	8	9	6
1	6	4	2	8	9	3	7	5
9	7	8	6	5	3	2	4	1
5	3	2	4	1	7	6	8	9
6	4	3	9	7	8	1	5	2
2	5	7	1	3	4	9	6	8
8	9	1	5	2	6	7	3	4

#88

3	9	7	4	6	5	8	2	1
4	2	5	1	7	8	6	3	9
1	6	8	2	9	3	7	5	4
8	4	1	5	2	6	9	7	3
9	5	6	3	4	7	1	8	2
7	3	2	8	1	9	5	4	6
5	1	4	6	8	2	3	9	7
6	8	9	7	3	4	2	1	5
2	7	3	9	5	1	4	6	8

#89

8	1	5	7	4	9	6	2	3
3	6	4	2	1	8	5	9	7
2	9	7	6	3	5	8	4	1
7	5	6	8	2	4	3	1	9
4	3	9	1	7	6	2	5	8
1	2	8	9	5	3	4	7	6
6	4	3	5	9	1	7	8	2
9	8	2	4	6	7	1	3	5
5	7	1	3	8	2	9	6	4

#90

7	6	8	5	9	1	4	3	2
9	3	1	4	7	2	6	8	5
4	5	2	6	8	3	1	7	9
3	7	5	9	6	4	2	1	8
6	2	4	8	1	7	9	5	3
8	1	9	3	2	5	7	4	6
2	9	7	1	5	8	3	6	4
5	4	6	7	3	9	8	2	1
1	8	3	2	4	6	5	9	7

#91

5	6	4	1	7	3	8	9	2
9	7	2	4	8	5	1	6	3
3	8	1	2	6	9	5	4	7
1	4	9	8	3	2	6	7	5
6	3	8	7	5	4	9	2	1
7	2	5	9	1	6	4	3	8
2	5	7	6	9	1	3	8	4
4	1	6	3	2	8	7	5	9
8	9	3	5	4	7	2	1	6

#92

9	7	2	6	4	8	1	3	5
3	5	1	7	2	9	6	4	8
6	4	8	5	3	1	9	7	2
4	6	9	2	5	3	8	1	7
1	2	5	9	8	7	4	6	3
7	8	3	4	1	6	5	2	9
2	1	4	3	9	5	7	8	6
5	3	7	8	6	4	2	9	1
8	9	6	1	7	2	3	5	4

#93

6	5	3	2	4	9	1	8	7
9	7	2	8	5	1	3	6	4
8	4	1	7	6	3	2	9	5
1	8	5	6	7	4	9	2	3
2	3	9	5	1	8	7	4	6
4	6	7	3	9	2	5	1	8
7	2	4	9	3	6	8	5	1
3	1	8	4	2	5	6	7	9
5	9	6	1	8	7	4	3	2

#94

4	5	9	2	3	7	6	8	1
2	6	7	5	1	8	9	3	4
1	8	3	4	9	6	5	2	7
8	7	4	1	6	9	3	5	2
6	2	5	8	4	3	1	7	9
3	9	1	7	5	2	8	4	6
7	4	6	3	8	1	2	9	5
5	1	8	9	2	4	7	6	3
9	3	2	6	7	5	4	1	8

#95

7	4	6	2	3	1	8	5	9
1	5	9	8	7	6	3	4	2
8	2	3	5	9	4	6	1	7
5	7	1	3	8	2	9	6	4
2	6	8	4	1	9	5	7	3
9	3	4	6	5	7	1	2	8
3	9	7	1	4	5	2	8	6
6	8	5	7	2	3	4	9	1
4	1	2	9	6	8	7	3	5

#96

3	2	7	8	9	5	1	6	4
6	8	1	3	4	7	5	9	2
9	4	5	1	6	2	8	7	3
7	5	2	4	8	3	6	1	9
8	1	6	7	2	9	3	4	5
4	9	3	6	5	1	2	8	7
1	6	9	2	3	4	7	5	8
5	3	8	9	7	6	4	2	1
2	7	4	5	1	8	9	3	6

#97

1	5	7	6	4	2	9	3	8
3	2	6	8	1	9	5	4	7
9	8	4	3	5	7	6	1	2
8	6	3	7	2	5	1	9	4
4	1	5	9	8	6	7	2	3
7	9	2	4	3	1	8	5	6
6	7	1	2	9	4	3	8	5
5	4	8	1	6	3	2	7	9
2	3	9	5	7	8	4	6	1

#98

2	1	7	4	6	3	5	8	9
8	3	9	2	1	5	7	6	4
6	4	5	9	7	8	2	1	3
9	6	4	7	5	2	8	3	1
5	8	3	1	9	4	6	2	7
1	7	2	3	8	6	9	4	5
3	2	8	5	4	9	1	7	6
7	9	6	8	3	1	4	5	2
4	5	1	6	2	7	3	9	8

#99

7	5	1	6	4	3	8	9	2
3	9	2	7	1	8	5	4	6
4	6	8	9	2	5	3	1	7
1	2	6	8	3	4	9	7	5
8	4	7	1	5	9	2	6	3
5	3	9	2	7	6	4	8	1
2	7	4	5	9	1	6	3	8
9	8	5	3	6	7	1	2	4
6	1	3	4	8	2	7	5	9

#100

6	2	3	8	1	7	9	4	5
1	4	8	2	5	9	6	7	3
5	7	9	6	4	3	8	2	1
3	6	4	7	9	1	2	5	8
8	1	7	3	2	5	4	6	9
9	5	2	4	6	8	3	1	7
2	9	1	5	3	4	7	8	6
4	8	5	9	7	6	1	3	2
7	3	6	1	8	2	5	9	4

#101

9	4	5	3	2	6	8	1	7
3	1	7	4	8	5	9	6	2
2	6	8	9	7	1	3	5	4
1	2	6	8	4	3	5	7	9
8	5	9	1	6	7	2	4	3
7	3	4	2	5	9	6	8	1
4	9	2	5	1	8	7	3	6
6	8	3	7	9	4	1	2	5
5	7	1	6	3	2	4	9	8

#102

7	6	3	9	2	5	1	4	8
2	9	5	4	1	8	6	3	7
4	1	8	7	6	3	2	9	5
3	2	7	6	8	1	9	5	4
9	5	6	3	4	7	8	1	2
8	4	1	5	9	2	3	7	6
6	3	4	2	7	9	5	8	1
1	7	9	8	5	6	4	2	3
5	8	2	1	3	4	7	6	9

#103

6	5	9	3	7	2	4	8	1
2	8	7	5	4	1	6	9	3
1	4	3	6	8	9	2	5	7
8	6	1	9	3	7	5	4	2
4	7	5	8	2	6	1	3	9
3	9	2	4	1	5	8	7	6
7	2	8	1	9	4	3	6	5
9	3	6	2	5	8	7	1	4
5	1	4	7	6	3	9	2	8

#106

1	6	5	9	2	3	4	8	7
9	4	2	7	5	8	1	6	3
7	3	8	1	6	4	5	2	9
6	8	7	2	4	5	9	3	1
2	5	3	6	9	1	8	7	4
4	1	9	3	8	7	2	5	6
8	9	1	5	7	6	3	4	2
5	2	6	4	3	9	7	1	8
3	7	4	8	1	2	6	9	5

#104

1	9	8	6	4	7	2	3	5
7	3	6	2	1	5	8	9	4
5	2	4	8	3	9	7	6	1
3	7	1	4	8	2	9	5	6
8	6	5	7	9	3	4	1	2
2	4	9	5	6	1	3	7	8
6	1	3	9	2	4	5	8	7
9	5	2	1	7	8	6	4	3
4	8	7	3	5	6	1	2	9

#107

5	2	8	1	9	3	6	4	7
3	4	7	2	8	6	9	5	1
6	1	9	5	7	4	3	2	8
4	9	1	7	3	2	5	8	6
7	8	3	6	1	5	4	9	2
2	6	5	8	4	9	1	7	3
8	5	2	9	6	1	7	3	4
9	3	6	4	2	7	8	1	5
1	7	4	3	5	8	2	6	9

#105

3	1	2	5	7	6	8	4	9
5	8	9	3	1	4	7	2	6
6	4	7	2	8	9	3	1	5
8	5	3	1	6	2	9	7	4
2	9	4	7	3	8	5	6	1
1	7	6	9	4	5	2	3	8
7	3	8	4	5	1	6	9	2
9	6	1	8	2	3	4	5	7
4	2	5	6	9	7	1	8	3

#108

8	1	4	2	9	5	6	7	3
7	5	9	3	8	6	2	1	4
3	6	2	4	7	1	8	5	9
6	9	7	5	4	2	3	8	1
2	4	3	1	6	8	5	9	7
5	8	1	9	3	7	4	2	6
4	2	8	7	1	3	9	6	5
9	7	5	6	2	4	1	3	8
1	3	6	8	5	9	7	4	2

#109

3	5	9	8	2	4	7	6	1
8	1	7	9	5	6	2	3	4
2	6	4	3	1	7	5	9	8
6	4	1	7	3	8	9	2	5
5	7	3	1	9	2	4	8	6
9	8	2	4	6	5	3	1	7
7	9	5	2	8	1	6	4	3
1	3	6	5	4	9	8	7	2
4	2	8	6	7	3	1	5	9

#112

8	3	2	7	5	1	6	9	4
4	1	9	8	6	2	5	3	7
5	7	6	3	4	9	1	8	2
7	2	4	5	9	6	3	1	8
6	5	8	2	1	3	7	4	9
1	9	3	4	7	8	2	6	5
2	6	7	1	8	4	9	5	3
3	4	1	9	2	5	8	7	6
9	8	5	6	3	7	4	2	1

#110

1	8	2	5	6	3	7	9	4
9	3	7	2	8	4	1	5	6
5	6	4	7	9	1	3	8	2
8	5	9	6	1	7	4	2	3
3	2	1	4	5	9	6	7	8
4	7	6	8	3	2	5	1	9
6	9	8	3	7	5	2	4	1
7	4	3	1	2	8	9	6	5
2	1	5	9	4	6	8	3	7

#113

9	8	6	4	3	1	5	2	7
7	3	1	2	5	9	4	6	8
2	5	4	7	8	6	1	3	9
8	1	3	9	4	7	6	5	2
5	2	9	1	6	8	3	7	4
4	6	7	5	2	3	9	8	1
3	4	5	8	9	2	7	1	6
1	9	8	6	7	5	2	4	3
6	7	2	3	1	4	8	9	5

#111

2	5	7	1	8	6	9	3	4
1	4	8	9	2	3	6	7	5
3	6	9	7	5	4	8	2	1
8	2	1	3	7	5	4	6	9
9	7	4	6	1	2	5	8	3
5	3	6	8	4	9	7	1	2
6	8	2	4	9	1	3	5	7
4	1	3	5	6	7	2	9	8
7	9	5	2	3	8	1	4	6

#114

4	7	9	1	5	8	3	6	2
2	6	5	7	9	3	1	8	4
8	3	1	4	2	6	9	7	5
6	8	3	2	4	9	7	5	1
9	1	2	3	7	5	6	4	8
5	4	7	8	6	1	2	3	9
3	5	4	6	1	2	8	9	7
7	2	6	9	8	4	5	1	3
1	9	8	5	3	7	4	2	6

#115

8	5	6	4	1	3	9	7	2
3	4	9	2	6	7	5	1	8
7	2	1	9	5	8	4	3	6
1	8	4	3	9	6	2	5	7
5	3	2	8	7	4	1	6	9
6	9	7	5	2	1	3	8	4
4	6	5	1	8	9	7	2	3
2	7	3	6	4	5	8	9	1
9	1	8	7	3	2	6	4	5

#116

4	7	5	2	6	8	9	3	1
6	8	3	1	5	9	2	7	4
1	9	2	7	3	4	8	5	6
7	1	9	8	2	3	4	6	5
8	3	4	6	1	5	7	9	2
2	5	6	9	4	7	1	8	3
5	6	7	4	9	1	3	2	8
3	4	8	5	7	2	6	1	9
9	2	1	3	8	6	5	4	7

#117

2	1	8	7	4	6	5	3	9
9	7	5	2	3	8	6	4	1
6	4	3	9	5	1	2	8	7
1	2	6	8	7	5	3	9	4
4	5	7	6	9	3	8	1	2
3	8	9	1	2	4	7	6	5
8	9	4	5	6	2	1	7	3
5	3	1	4	8	7	9	2	6
7	6	2	3	1	9	4	5	8

#118

4	2	8	6	7	9	3	1	5
5	6	7	3	8	1	9	2	4
1	9	3	4	2	5	6	8	7
3	4	9	1	6	2	5	7	8
7	5	1	8	4	3	2	6	9
2	8	6	9	5	7	1	4	3
9	1	4	7	3	6	8	5	2
6	7	5	2	9	8	4	3	1
8	3	2	5	1	4	7	9	6

#119

1	8	6	9	7	5	2	3	4
2	4	9	3	6	1	7	5	8
5	3	7	8	4	2	6	9	1
7	6	8	4	9	3	5	1	2
4	5	2	1	8	6	3	7	9
3	9	1	5	2	7	8	4	6
8	7	3	2	1	9	4	6	5
9	2	5	6	3	4	1	8	7
6	1	4	7	5	8	9	2	3

#120

2	5	1	7	3	6	8	4	9
4	3	9	2	5	8	1	6	7
6	7	8	9	4	1	5	3	2
8	6	2	4	9	3	7	5	1
9	4	7	5	1	2	6	8	3
3	1	5	8	6	7	9	2	4
5	9	3	6	7	4	2	1	8
7	8	4	1	2	5	3	9	6
1	2	6	3	8	9	4	7	5

#121

3	6	4	2	5	9	7	1	8
2	7	5	8	4	1	6	3	9
9	8	1	7	3	6	4	5	2
7	9	8	1	6	3	5	2	4
4	1	6	9	2	5	8	7	3
5	3	2	4	7	8	1	9	6
6	2	9	5	1	4	3	8	7
1	4	7	3	8	2	9	6	5
8	5	3	6	9	7	2	4	1

#124

2	8	1	4	6	9	3	5	7
3	9	5	2	7	8	4	6	1
7	4	6	3	5	1	9	8	2
9	2	4	1	3	6	5	7	8
5	6	3	7	8	4	2	1	9
8	1	7	9	2	5	6	4	3
4	5	9	8	1	2	7	3	6
6	3	8	5	9	7	1	2	4
1	7	2	6	4	3	8	9	5

#122

8	4	5	6	1	9	3	7	2
2	7	1	3	8	5	6	4	9
9	6	3	7	2	4	8	1	5
3	1	6	5	7	8	9	2	4
7	9	4	1	6	2	5	3	8
5	8	2	9	4	3	1	6	7
6	2	7	8	5	1	4	9	3
4	3	8	2	9	6	7	5	1
1	5	9	4	3	7	2	8	6

#125

3	9	7	1	8	6	4	5	2
4	1	6	5	9	2	7	3	8
2	8	5	3	4	7	6	1	9
7	3	4	6	1	9	2	8	5
5	6	8	7	2	3	9	4	1
9	2	1	4	5	8	3	7	6
8	4	2	9	7	1	5	6	3
6	7	9	8	3	5	1	2	4
1	5	3	2	6	4	8	9	7

#123

8	1	7	4	6	9	3	2	5
5	4	3	7	1	2	6	9	8
2	9	6	3	5	8	7	4	1
1	7	9	8	4	5	2	6	3
6	8	4	9	2	3	5	1	7
3	5	2	1	7	6	9	8	4
4	6	5	2	3	1	8	7	9
9	2	1	5	8	7	4	3	6
7	3	8	6	9	4	1	5	2

#126

9	6	7	3	8	2	5	4	1
1	2	3	6	4	5	9	8	7
8	5	4	9	7	1	2	3	6
3	4	5	7	6	9	1	2	8
6	8	9	1	2	4	3	7	5
7	1	2	8	5	3	4	6	9
2	7	1	5	3	8	6	9	4
4	9	6	2	1	7	8	5	3
5	3	8	4	9	6	7	1	2

#127

1	3	7	6	2	4	9	5	8
6	5	9	7	3	8	1	2	4
4	8	2	5	9	1	7	6	3
2	4	5	8	7	9	3	1	6
9	7	6	4	1	3	2	8	5
3	1	8	2	6	5	4	7	9
5	6	1	3	4	2	8	9	7
8	9	4	1	5	7	6	3	2
7	2	3	9	8	6	5	4	1

#130

9	3	6	1	7	5	8	2	4
8	1	5	3	2	4	7	9	6
2	4	7	6	9	8	1	5	3
7	8	3	9	6	2	4	1	5
5	6	4	7	8	1	2	3	9
1	9	2	5	4	3	6	7	8
3	7	1	8	5	6	9	4	2
6	2	9	4	3	7	5	8	1
4	5	8	2	1	9	3	6	7

#128

8	6	4	3	9	2	7	5	1
9	1	3	7	4	5	8	6	2
2	5	7	1	6	8	3	4	9
1	3	2	4	5	9	6	7	8
4	9	5	6	8	7	2	1	3
6	7	8	2	1	3	4	9	5
7	4	9	8	3	1	5	2	6
5	8	6	9	2	4	1	3	7
3	2	1	5	7	6	9	8	4

#131

3	4	7	9	2	1	8	6	5
5	1	9	6	4	8	7	3	2
2	6	8	7	5	3	1	9	4
7	5	3	4	8	2	6	1	9
9	8	4	1	7	6	5	2	3
1	2	6	3	9	5	4	8	7
8	9	5	2	1	4	3	7	6
6	7	1	5	3	9	2	4	8
4	3	2	8	6	7	9	5	1

#129

6	1	4	8	9	5	2	3	7
7	8	9	6	3	2	1	4	5
3	2	5	4	1	7	8	6	9
9	4	2	7	6	8	3	5	1
8	7	3	5	2	1	6	9	4
1	5	6	9	4	3	7	2	8
2	3	8	1	5	4	9	7	6
5	9	1	3	7	6	4	8	2
4	6	7	2	8	9	5	1	3

#132

2	8	4	3	9	5	6	7	1
5	6	3	4	7	1	2	8	9
1	9	7	8	6	2	4	5	3
6	7	5	9	4	3	8	1	2
4	1	9	6	2	8	7	3	5
3	2	8	5	1	7	9	6	4
8	5	6	2	3	4	1	9	7
7	3	2	1	8	9	5	4	6
9	4	1	7	5	6	3	2	8

#133

```
3 7 2 6 1 9 5 4 8
5 4 1 2 3 8 7 6 9
6 8 9 7 4 5 1 2 3
2 5 7 8 9 4 6 3 1
4 6 3 5 2 1 9 8 7
1 9 8 3 7 6 2 5 4
8 1 4 9 5 2 3 7 6
9 3 5 4 6 7 8 1 2
7 2 6 1 8 3 4 9 5
```

#134

```
6 3 1 5 9 4 7 8 2
9 7 4 2 3 8 5 6 1
5 2 8 1 7 6 3 9 4
2 5 7 3 4 9 8 1 6
8 6 9 7 2 1 4 3 5
1 4 3 6 8 5 2 7 9
7 8 6 4 1 2 9 5 3
4 9 5 8 6 3 1 2 7
3 1 2 9 5 7 6 4 8
```

#135

```
4 3 8 9 7 1 6 5 2
1 2 9 8 5 6 7 4 3
6 5 7 3 2 4 8 1 9
2 7 1 4 9 3 5 8 6
8 6 3 7 1 5 9 2 4
5 9 4 2 6 8 1 3 7
9 4 6 1 8 2 3 7 5
3 1 5 6 4 7 2 9 8
7 8 2 5 3 9 4 6 1
```

#136

```
8 6 3 7 1 4 5 2 9
5 9 1 2 6 3 7 8 4
4 2 7 9 5 8 6 3 1
6 7 8 5 9 2 1 4 3
3 1 4 6 8 7 2 9 5
2 5 9 4 3 1 8 6 7
7 4 5 3 2 6 9 1 8
9 8 2 1 4 5 3 7 6
1 3 6 8 7 9 4 5 2
```

#137

```
9 7 6 4 5 8 2 1 3
1 4 3 6 9 2 5 8 7
2 8 5 3 7 1 6 9 4
8 5 4 9 3 7 1 6 2
6 1 2 5 8 4 3 7 9
7 3 9 1 2 6 8 4 5
3 2 8 7 6 9 4 5 1
4 6 7 2 1 5 9 3 8
5 9 1 8 4 3 7 2 6
```

#138

```
7 4 2 6 5 8 9 3 1
9 6 3 1 4 7 8 2 5
1 8 5 3 2 9 6 7 4
6 9 1 4 8 3 7 5 2
5 7 4 9 1 2 3 6 8
3 2 8 5 7 6 4 1 9
4 5 7 8 6 1 2 9 3
2 1 9 7 3 4 5 8 6
8 3 6 2 9 5 1 4 7
```

#139

7	6	8	5	9	2	4	1	3
4	2	1	3	8	6	9	5	7
5	9	3	1	7	4	2	6	8
2	3	7	9	5	8	1	4	6
8	1	4	2	6	7	3	9	5
9	5	6	4	3	1	7	8	2
3	8	9	7	1	5	6	2	4
1	4	5	6	2	3	8	7	9
6	7	2	8	4	9	5	3	1

#142

4	1	9	3	8	5	6	2	7
7	2	8	4	9	6	3	1	5
3	6	5	7	2	1	9	8	4
8	3	4	1	7	9	5	6	2
2	5	1	6	3	8	4	7	9
9	7	6	2	5	4	8	3	1
5	4	3	8	1	2	7	9	6
6	8	2	9	4	7	1	5	3
1	9	7	5	6	3	2	4	8

#140

8	3	2	7	4	9	6	5	1
5	7	1	8	3	6	9	2	4
4	6	9	1	2	5	3	8	7
7	2	3	4	9	1	8	6	5
9	8	4	5	6	7	1	3	2
6	1	5	2	8	3	4	7	9
2	9	8	6	5	4	7	1	3
3	5	7	9	1	8	2	4	6
1	4	6	3	7	2	5	9	8

#143

7	2	5	8	1	4	3	9	6
8	4	3	9	2	6	7	5	1
9	6	1	5	3	7	2	8	4
2	9	6	7	5	3	4	1	8
5	7	4	6	8	1	9	2	3
3	1	8	2	4	9	6	7	5
4	8	7	1	6	2	5	3	9
1	3	9	4	7	5	8	6	2
6	5	2	3	9	8	1	4	7

#141

2	4	8	5	1	3	9	7	6
3	7	1	2	6	9	4	5	8
6	5	9	8	7	4	1	3	2
7	2	5	1	4	6	3	8	9
9	1	6	7	3	8	2	4	5
8	3	4	9	5	2	7	6	1
5	9	3	6	2	7	8	1	4
1	8	7	4	9	5	6	2	3
4	6	2	3	8	1	5	9	7

#144

3	7	5	9	6	8	2	1	4
6	8	4	2	3	1	9	5	7
1	9	2	7	4	5	6	8	3
9	4	1	3	8	2	5	7	6
8	3	6	5	9	7	4	2	1
2	5	7	6	1	4	3	9	8
4	1	3	8	5	9	7	6	2
7	6	9	1	2	3	8	4	5
5	2	8	4	7	6	1	3	9

#145

5	1	2	6	8	9	3	7	4
8	4	7	3	2	1	6	5	9
9	6	3	7	5	4	1	2	8
2	3	1	9	4	5	8	6	7
6	8	5	1	7	3	4	9	2
4	7	9	8	6	2	5	3	1
3	5	8	4	9	7	2	1	6
1	9	6	2	3	8	7	4	5
7	2	4	5	1	6	9	8	3

#146

4	5	2	8	1	9	3	6	7
7	8	6	5	2	3	1	9	4
9	1	3	6	4	7	5	8	2
2	3	5	1	6	4	8	7	9
6	4	9	7	5	8	2	1	3
8	7	1	3	9	2	4	5	6
3	6	8	4	7	5	9	2	1
5	9	7	2	3	1	6	4	8
1	2	4	9	8	6	7	3	5

#147

1	4	8	3	7	2	5	6	9
9	3	6	5	8	4	1	2	7
5	7	2	1	6	9	8	4	3
4	1	3	8	5	6	9	7	2
7	2	5	9	4	1	6	3	8
6	8	9	2	3	7	4	5	1
3	5	4	7	1	8	2	9	6
8	9	7	6	2	5	3	1	4
2	6	1	4	9	3	7	8	5

#148

9	4	2	3	7	6	8	5	1
1	6	8	9	4	5	3	7	2
5	3	7	2	1	8	4	9	6
7	2	6	4	9	3	5	1	8
8	1	4	7	5	2	6	3	9
3	5	9	6	8	1	2	4	7
4	7	3	8	2	9	1	6	5
2	9	1	5	6	4	7	8	3
6	8	5	1	3	7	9	2	4

#149

2	6	4	3	9	7	8	1	5
9	1	5	6	4	8	7	3	2
7	3	8	5	2	1	4	6	9
6	4	1	8	7	9	5	2	3
5	2	7	4	6	3	9	8	1
3	8	9	1	5	2	6	4	7
1	7	3	9	8	6	2	5	4
4	9	6	2	1	5	3	7	8
8	5	2	7	3	4	1	9	6

#150

3	9	7	6	1	4	2	5	8
5	8	1	7	3	2	4	6	9
6	4	2	9	8	5	7	1	3
7	2	4	5	9	3	6	8	1
1	6	5	4	2	8	9	3	7
9	3	8	1	6	7	5	2	4
2	7	6	8	4	1	3	9	5
4	1	3	2	5	9	8	7	6
8	5	9	3	7	6	1	4	2

#151

7	3	6	9	4	1	8	2	5
2	1	9	8	3	5	4	6	7
4	8	5	7	6	2	1	9	3
9	2	8	3	1	7	6	5	4
3	7	4	5	2	6	9	8	1
6	5	1	4	8	9	3	7	2
1	6	7	2	9	4	5	3	8
5	4	3	6	7	8	2	1	9
8	9	2	1	5	3	7	4	6

#152

3	1	9	2	5	8	7	6	4
7	6	5	3	9	4	8	1	2
2	4	8	1	6	7	5	9	3
6	5	2	9	4	3	1	7	8
9	7	4	8	2	1	6	3	5
8	3	1	5	7	6	4	2	9
5	9	7	4	1	2	3	8	6
4	8	6	7	3	9	2	5	1
1	2	3	6	8	5	9	4	7

#153

5	7	4	8	2	1	6	3	9
3	8	9	7	6	5	4	1	2
2	6	1	4	9	3	7	5	8
9	5	6	1	7	4	2	8	3
4	1	3	5	8	2	9	7	6
7	2	8	6	3	9	5	4	1
1	4	2	3	5	6	8	9	7
8	9	5	2	1	7	3	6	4
6	3	7	9	4	8	1	2	5

#154

8	3	9	7	4	5	6	1	2
5	6	4	8	2	1	9	3	7
7	2	1	9	3	6	8	5	4
6	8	2	4	5	7	1	9	3
1	4	3	2	6	9	7	8	5
9	7	5	1	8	3	4	2	6
4	1	7	3	9	2	5	6	8
2	9	6	5	7	8	3	4	1
3	5	8	6	1	4	2	7	9

#155

5	6	1	3	2	8	7	9	4
7	3	8	1	4	9	5	6	2
4	9	2	5	7	6	8	1	3
1	8	7	2	5	4	9	3	6
6	4	3	7	9	1	2	5	8
2	5	9	8	6	3	1	4	7
9	2	5	4	3	7	6	8	1
8	7	4	6	1	5	3	2	9
3	1	6	9	8	2	4	7	5

#156

1	7	8	9	4	2	5	6	3
4	3	2	1	6	5	7	8	9
5	9	6	3	8	7	4	2	1
6	1	3	5	9	4	8	7	2
7	5	4	2	1	8	9	3	6
8	2	9	7	3	6	1	5	4
2	6	7	4	5	1	3	9	8
9	4	5	8	2	3	6	1	7
3	8	1	6	7	9	2	4	5

#157

6	7	4	8	1	2	3	9	5
2	3	5	6	9	4	8	1	7
9	1	8	3	7	5	4	6	2
1	5	7	2	6	8	9	3	4
4	6	3	9	5	1	7	2	8
8	9	2	7	4	3	6	5	1
5	4	9	1	8	6	2	7	3
3	8	6	5	2	7	1	4	9
7	2	1	4	3	9	5	8	6

#158

8	7	6	1	4	9	5	2	3
9	5	2	8	6	3	4	7	1
3	4	1	5	7	2	6	9	8
7	3	4	9	8	6	2	1	5
1	2	5	7	3	4	8	6	9
6	9	8	2	1	5	3	4	7
2	1	9	4	5	8	7	3	6
4	8	3	6	9	7	1	5	2
5	6	7	3	2	1	9	8	4

#159

7	2	5	9	6	4	1	8	3
6	4	1	3	5	8	2	7	9
9	3	8	2	7	1	6	5	4
2	6	7	8	4	5	9	3	1
3	8	9	7	1	2	5	4	6
1	5	4	6	9	3	8	2	7
5	7	3	1	2	6	4	9	8
8	1	2	4	3	9	7	6	5
4	9	6	5	8	7	3	1	2

#160

6	5	3	8	1	7	2	4	9
1	4	8	9	6	2	3	7	5
2	7	9	5	3	4	6	8	1
7	2	6	1	9	5	8	3	4
9	8	5	2	4	3	7	1	6
4	3	1	7	8	6	9	5	2
8	1	2	3	5	9	4	6	7
3	9	4	6	7	1	5	2	8
5	6	7	4	2	8	1	9	3

#161

2	8	5	4	7	6	3	9	1
1	4	7	9	3	8	5	2	6
3	6	9	5	2	1	4	8	7
8	3	6	2	1	4	9	7	5
5	1	2	3	9	7	6	4	8
9	7	4	8	6	5	2	1	3
6	5	1	7	4	2	8	3	9
4	9	8	1	5	3	7	6	2
7	2	3	6	8	9	1	5	4

#162

2	9	3	5	7	4	8	6	1
8	1	5	2	9	6	7	3	4
7	4	6	3	1	8	5	2	9
5	2	9	6	3	1	4	7	8
6	3	8	9	4	7	2	1	5
4	7	1	8	5	2	6	9	3
3	6	7	1	8	5	9	4	2
9	5	4	7	2	3	1	8	6
1	8	2	4	6	9	3	5	7

#163

8	3	4	5	1	7	9	6	2
6	5	1	2	8	9	7	4	3
9	7	2	4	6	3	1	8	5
5	8	3	9	4	2	6	7	1
1	9	7	6	3	8	2	5	4
4	2	6	1	7	5	3	9	8
2	4	5	3	9	6	8	1	7
3	6	8	7	5	1	4	2	9
7	1	9	8	2	4	5	3	6

#164

8	3	4	1	6	7	2	5	9
5	6	9	2	3	4	1	8	7
1	7	2	9	5	8	4	6	3
9	8	7	3	1	5	6	4	2
2	1	5	6	4	9	7	3	8
6	4	3	8	7	2	5	9	1
4	9	1	7	8	6	3	2	5
7	5	8	4	2	3	9	1	6
3	2	6	5	9	1	8	7	4

#165

9	3	5	4	1	6	7	2	8
1	6	7	2	8	3	5	9	4
2	4	8	5	9	7	1	3	6
4	2	6	1	5	9	8	7	3
8	5	3	7	4	2	6	1	9
7	1	9	3	6	8	2	4	5
6	7	1	8	3	4	9	5	2
3	8	2	9	7	5	4	6	1
5	9	4	6	2	1	3	8	7

#166

5	1	8	6	7	3	4	2	9
4	9	2	1	5	8	3	7	6
3	7	6	4	9	2	5	1	8
8	4	7	9	2	5	1	6	3
1	6	9	3	4	7	2	8	5
2	3	5	8	6	1	9	4	7
9	2	1	7	3	6	8	5	4
6	5	3	2	8	4	7	9	1
7	8	4	5	1	9	6	3	2

#167

7	8	3	2	6	1	4	5	9
4	1	2	7	5	9	8	3	6
5	9	6	4	8	3	1	2	7
8	3	1	6	7	4	5	9	2
2	4	7	1	9	5	6	8	3
9	6	5	8	3	2	7	4	1
6	5	8	3	2	7	9	1	4
1	2	9	5	4	6	3	7	8
3	7	4	9	1	8	2	6	5

#168

6	3	1	9	2	7	8	4	5
2	5	9	1	8	4	3	6	7
4	8	7	5	6	3	9	1	2
8	2	3	4	7	5	6	9	1
5	9	4	2	1	6	7	3	8
1	7	6	3	9	8	2	5	4
7	1	8	6	4	9	5	2	3
9	4	5	8	3	2	1	7	6
3	6	2	7	5	1	4	8	9

#169

2	4	8	7	5	6	3	1	9
3	1	5	8	9	2	4	6	7
6	9	7	3	4	1	8	5	2
8	3	6	9	2	5	1	7	4
1	2	9	4	8	7	5	3	6
7	5	4	1	6	3	2	9	8
9	8	1	5	7	4	6	2	3
4	6	3	2	1	9	7	8	5
5	7	2	6	3	8	9	4	1

#170

7	5	3	4	2	9	6	1	8
1	4	2	6	5	8	9	7	3
9	6	8	3	7	1	5	2	4
8	2	9	1	4	3	7	5	6
4	1	7	8	6	5	2	3	9
5	3	6	7	9	2	8	4	1
2	7	4	9	1	6	3	8	5
3	9	5	2	8	4	1	6	7
6	8	1	5	3	7	4	9	2

#171

1	4	3	5	9	7	6	2	8
7	8	2	1	3	6	5	4	9
9	6	5	8	4	2	3	1	7
6	9	7	2	8	4	1	5	3
8	5	1	9	6	3	2	7	4
2	3	4	7	1	5	9	8	6
5	1	8	3	7	9	4	6	2
3	7	6	4	2	1	8	9	5
4	2	9	6	5	8	7	3	1

#172

4	1	6	2	7	3	5	8	9
2	5	7	9	4	8	6	1	3
3	8	9	1	6	5	7	4	2
6	9	1	3	5	2	4	7	8
8	3	2	4	1	7	9	5	6
7	4	5	8	9	6	2	3	1
5	6	8	7	2	1	3	9	4
1	7	4	6	3	9	8	2	5
9	2	3	5	8	4	1	6	7

#173

6	9	3	8	2	4	1	7	5
2	5	1	6	9	7	4	3	8
7	4	8	5	1	3	6	2	9
8	6	9	1	4	2	7	5	3
5	2	7	9	3	6	8	1	4
1	3	4	7	5	8	2	9	6
3	8	5	4	7	1	9	6	2
9	7	6	2	8	5	3	4	1
4	1	2	3	6	9	5	8	7

#174

6	3	5	4	9	7	8	1	2
4	9	8	6	1	2	5	7	3
1	2	7	3	5	8	9	4	6
3	5	1	2	6	9	4	8	7
7	8	9	1	3	4	2	6	5
2	4	6	8	7	5	3	9	1
5	6	4	7	8	3	1	2	9
9	1	2	5	4	6	7	3	8
8	7	3	9	2	1	6	5	4

#175

7	1	6	9	2	8	5	4	3
3	8	4	1	7	5	2	9	6
2	9	5	4	3	6	8	1	7
1	4	7	2	9	3	6	8	5
5	2	8	6	4	1	7	3	9
9	6	3	8	5	7	4	2	1
8	5	2	3	6	9	1	7	4
6	3	1	7	8	4	9	5	2
4	7	9	5	1	2	3	6	8

#176

6	8	5	2	3	1	7	9	4
7	4	9	6	5	8	2	3	1
3	1	2	9	4	7	5	8	6
8	3	7	4	1	9	6	5	2
1	5	4	8	6	2	9	7	3
2	9	6	5	7	3	1	4	8
9	6	1	7	8	4	3	2	5
5	2	8	3	9	6	4	1	7
4	7	3	1	2	5	8	6	9

#177

8	6	4	3	7	2	5	9	1
3	7	9	8	1	5	2	6	4
2	5	1	6	4	9	3	8	7
1	3	5	4	6	7	9	2	8
9	4	8	5	2	3	7	1	6
6	2	7	9	8	1	4	3	5
5	9	6	7	3	8	1	4	2
7	8	2	1	9	4	6	5	3
4	1	3	2	5	6	8	7	9

#178

6	8	3	4	2	7	1	5	9
5	4	7	3	9	1	2	8	6
2	1	9	8	6	5	4	3	7
4	2	1	9	3	6	8	7	5
3	7	6	1	5	8	9	2	4
9	5	8	7	4	2	3	6	1
7	6	4	2	8	9	5	1	3
1	9	2	5	7	3	6	4	8
8	3	5	6	1	4	7	9	2

#179

2	5	3	1	6	8	7	4	9
1	9	8	4	3	7	5	2	6
6	4	7	2	9	5	1	3	8
3	7	5	9	4	1	8	6	2
4	8	2	3	5	6	9	7	1
9	1	6	8	7	2	4	5	3
8	2	4	7	1	3	6	9	5
7	6	1	5	2	9	3	8	4
5	3	9	6	8	4	2	1	7

#180

3	9	1	2	8	7	5	4	6
6	5	7	3	9	4	2	8	1
8	4	2	6	1	5	9	3	7
7	1	9	8	5	3	6	2	4
5	2	3	4	6	9	7	1	8
4	8	6	7	2	1	3	9	5
2	6	5	9	4	8	1	7	3
1	3	8	5	7	2	4	6	9
9	7	4	1	3	6	8	5	2

#181

5	9	7	8	3	2	4	6	1
8	6	2	7	1	4	3	9	5
1	3	4	6	9	5	8	2	7
2	8	3	4	5	9	7	1	6
6	1	5	2	7	8	9	3	4
4	7	9	3	6	1	2	5	8
9	4	6	1	8	3	5	7	2
7	5	8	9	2	6	1	4	3
3	2	1	5	4	7	6	8	9

#184

7	4	1	3	5	6	9	8	2
9	8	5	4	1	2	3	7	6
3	6	2	9	8	7	1	5	4
2	1	3	8	7	5	6	4	9
8	5	6	1	9	4	7	2	3
4	7	9	2	6	3	5	1	8
1	9	7	6	4	8	2	3	5
5	3	8	7	2	9	4	6	1
6	2	4	5	3	1	8	9	7

#182

8	6	7	1	5	9	2	4	3
1	9	3	2	4	8	7	6	5
2	4	5	7	3	6	8	9	1
5	7	2	4	6	1	9	3	8
9	8	6	3	7	5	4	1	2
4	3	1	9	8	2	6	5	7
6	5	9	8	2	3	1	7	4
3	2	4	6	1	7	5	8	9
7	1	8	5	9	4	3	2	6

#185

6	2	3	9	4	7	1	5	8
8	1	9	2	3	5	7	6	4
4	5	7	6	1	8	9	2	3
7	6	4	8	2	1	5	3	9
5	9	8	7	6	3	4	1	2
1	3	2	5	9	4	6	8	7
9	7	6	3	5	2	8	4	1
2	4	5	1	8	9	3	7	6
3	8	1	4	7	6	2	9	5

#183

8	6	5	9	2	4	1	7	3
2	7	3	1	8	6	4	9	5
9	1	4	7	5	3	8	2	6
1	2	8	5	6	7	9	3	4
7	5	9	4	3	1	2	6	8
3	4	6	8	9	2	7	5	1
6	9	7	3	4	8	5	1	2
5	8	2	6	1	9	3	4	7
4	3	1	2	7	5	6	8	9

#186

4	3	1	8	5	9	6	2	7
6	7	2	4	3	1	9	5	8
8	9	5	7	2	6	1	3	4
2	4	8	6	1	5	7	9	3
7	5	6	9	4	3	8	1	2
3	1	9	2	7	8	4	6	5
9	2	3	1	8	4	5	7	6
1	8	7	5	6	2	3	4	9
5	6	4	3	9	7	2	8	1

#187

9	7	5	4	6	2	8	1	3
6	2	8	3	5	1	4	7	9
3	4	1	8	7	9	5	2	6
4	5	6	1	3	8	2	9	7
2	9	7	6	4	5	1	3	8
8	1	3	9	2	7	6	4	5
5	3	2	7	1	6	9	8	4
1	8	4	5	9	3	7	6	2
7	6	9	2	8	4	3	5	1

#188

3	9	5	1	6	2	8	4	7
6	8	1	4	5	7	3	2	9
2	7	4	8	9	3	5	6	1
4	1	2	6	3	8	9	7	5
8	5	9	2	7	4	6	1	3
7	6	3	9	1	5	4	8	2
1	2	6	3	8	9	7	5	4
5	3	8	7	4	1	2	9	6
9	4	7	5	2	6	1	3	8

#189

7	5	4	3	8	9	1	2	6
6	8	1	5	2	4	7	9	3
9	2	3	7	6	1	8	4	5
4	1	5	9	3	8	6	7	2
3	7	9	2	5	6	4	8	1
2	6	8	1	4	7	3	5	9
1	3	2	8	7	5	9	6	4
8	9	6	4	1	2	5	3	7
5	4	7	6	9	3	2	1	8

#190

1	5	4	9	8	2	3	6	7
2	9	7	3	4	6	8	1	5
6	8	3	5	1	7	4	9	2
5	3	6	1	2	8	9	7	4
9	4	1	7	3	5	6	2	8
8	7	2	4	6	9	5	3	1
3	1	8	6	7	4	2	5	9
7	2	9	8	5	3	1	4	6
4	6	5	2	9	1	7	8	3

#191

5	7	4	3	6	9	8	1	2
1	8	9	7	4	2	5	6	3
2	6	3	8	5	1	4	9	7
9	3	6	4	1	7	2	8	5
8	2	5	9	3	6	7	4	1
4	1	7	5	2	8	9	3	6
6	9	1	2	7	4	3	5	8
7	5	8	1	9	3	6	2	4
3	4	2	6	8	5	1	7	9

#192

2	6	8	7	9	5	3	1	4
9	5	7	1	3	4	6	2	8
3	1	4	2	6	8	7	9	5
5	2	9	3	8	6	1	4	7
8	7	3	9	4	1	2	5	6
1	4	6	5	2	7	8	3	9
7	8	5	4	1	2	9	6	3
6	3	1	8	5	9	4	7	2
4	9	2	6	7	3	5	8	1

#193

9	8	4	6	1	7	2	3	5
5	7	6	9	3	2	4	8	1
3	2	1	5	4	8	9	7	6
1	6	2	3	8	4	5	9	7
8	4	9	1	7	5	6	2	3
7	3	5	2	9	6	1	4	8
4	1	8	7	5	9	3	6	2
6	9	3	8	2	1	7	5	4
2	5	7	4	6	3	8	1	9

#194

9	4	7	6	2	5	3	8	1
3	6	8	7	9	1	2	5	4
1	5	2	3	8	4	7	6	9
6	7	5	4	1	2	8	9	3
8	3	4	5	6	9	1	7	2
2	1	9	8	3	7	6	4	5
5	8	1	2	4	6	9	3	7
4	9	6	1	7	3	5	2	8
7	2	3	9	5	8	4	1	6

#195

7	1	9	4	8	3	6	2	5
5	6	8	2	7	9	1	4	3
4	3	2	1	6	5	7	8	9
1	9	3	8	5	2	4	7	6
2	7	5	9	4	6	8	3	1
6	8	4	7	3	1	5	9	2
3	4	6	5	2	8	9	1	7
9	2	7	6	1	4	3	5	8
8	5	1	3	9	7	2	6	4

#196

4	8	2	3	7	1	9	5	6
1	5	6	2	8	9	3	4	7
3	7	9	5	4	6	8	2	1
2	4	7	9	5	3	6	1	8
6	1	8	7	2	4	5	3	9
9	3	5	6	1	8	4	7	2
7	2	4	8	9	5	1	6	3
8	6	1	4	3	7	2	9	5
5	9	3	1	6	2	7	8	4

#197

7	5	8	3	6	9	2	4	1
6	2	1	5	8	4	7	9	3
3	4	9	1	7	2	8	5	6
4	8	7	2	5	1	6	3	9
5	9	2	7	3	6	1	8	4
1	3	6	9	4	8	5	2	7
2	7	3	4	1	5	9	6	8
8	1	5	6	9	3	4	7	2
9	6	4	8	2	7	3	1	5

#198

8	5	4	9	2	1	3	6	7
6	9	7	4	3	5	2	8	1
3	2	1	6	8	7	9	4	5
2	3	6	1	9	8	7	5	4
1	8	9	7	5	4	6	3	2
4	7	5	3	6	2	1	9	8
5	6	8	2	1	9	4	7	3
9	4	2	8	7	3	5	1	6
7	1	3	5	4	6	8	2	9

#199

2	9	5	7	4	8	6	3	1
4	7	6	5	3	1	8	2	9
3	8	1	9	2	6	7	5	4
5	4	9	3	8	2	1	6	7
7	3	2	6	1	9	4	8	5
6	1	8	4	7	5	2	9	3
9	5	7	2	6	4	3	1	8
8	6	4	1	5	3	9	7	2
1	2	3	8	9	7	5	4	6

#200

7	2	1	5	8	9	3	6	4
4	9	6	3	2	7	8	1	5
8	3	5	6	1	4	9	2	7
6	4	9	8	3	1	5	7	2
2	5	7	4	9	6	1	3	8
3	1	8	7	5	2	6	4	9
9	6	4	1	7	8	2	5	3
1	8	3	2	4	5	7	9	6
5	7	2	9	6	3	4	8	1

#201

4	6	9	7	5	2	8	3	1
1	5	8	3	4	6	7	9	2
2	7	3	9	8	1	4	5	6
8	1	6	2	7	5	9	4	3
3	9	5	6	1	4	2	8	7
7	2	4	8	3	9	1	6	5
9	8	1	5	2	3	6	7	4
6	3	2	4	9	7	5	1	8
5	4	7	1	6	8	3	2	9

#202

1	2	7	3	4	9	5	8	6
4	6	3	7	5	8	1	9	2
9	8	5	1	2	6	3	7	4
7	9	8	6	1	2	4	5	3
5	1	6	8	3	4	7	2	9
3	4	2	5	9	7	6	1	8
6	5	1	2	8	3	9	4	7
8	3	4	9	7	5	2	6	1
2	7	9	4	6	1	8	3	5

#203

1	8	4	2	3	9	7	6	5
3	6	7	8	5	4	2	1	9
2	5	9	1	7	6	3	4	8
6	9	5	7	1	2	8	3	4
8	7	3	9	4	5	6	2	1
4	1	2	3	6	8	5	9	7
7	4	8	6	2	1	9	5	3
5	3	6	4	9	7	1	8	2
9	2	1	5	8	3	4	7	6

#204

5	2	9	3	4	6	8	7	1
8	1	6	7	9	5	4	2	3
3	7	4	8	2	1	9	5	6
1	5	3	9	6	2	7	8	4
7	9	8	4	1	3	5	6	2
6	4	2	5	7	8	1	3	9
9	6	5	2	8	4	3	1	7
4	8	1	6	3	7	2	9	5
2	3	7	1	5	9	6	4	8

#205

7	2	8	4	1	6	3	9	5
9	3	6	2	7	5	8	4	1
5	1	4	8	9	3	6	2	7
1	4	7	5	6	2	9	3	8
8	5	9	3	4	1	2	7	6
3	6	2	7	8	9	5	1	4
4	8	5	9	3	7	1	6	2
2	9	1	6	5	4	7	8	3
6	7	3	1	2	8	4	5	9

#208

8	2	7	4	1	9	3	5	6
9	1	5	7	6	3	8	4	2
4	6	3	2	5	8	7	1	9
1	4	9	3	7	5	2	6	8
6	7	2	8	4	1	5	9	3
5	3	8	6	9	2	4	7	1
2	5	4	9	8	6	1	3	7
7	8	6	1	3	4	9	2	5
3	9	1	5	2	7	6	8	4

#206

6	9	7	8	3	5	4	2	1
3	4	1	2	9	6	8	7	5
2	5	8	4	1	7	3	9	6
4	6	9	5	8	3	7	1	2
1	8	2	9	7	4	6	5	3
5	7	3	6	2	1	9	4	8
9	1	5	3	4	8	2	6	7
8	2	6	7	5	9	1	3	4
7	3	4	1	6	2	5	8	9

#209

9	3	2	1	8	4	7	5	6
7	8	5	3	2	6	4	1	9
4	1	6	5	7	9	3	8	2
2	9	3	4	5	1	6	7	8
8	7	1	9	6	2	5	3	4
6	5	4	8	3	7	9	2	1
5	4	7	6	1	8	2	9	3
1	2	9	7	4	3	8	6	5
3	6	8	2	9	5	1	4	7

#207

1	3	8	9	5	4	2	6	7
5	6	4	3	2	7	9	1	8
9	2	7	6	1	8	4	3	5
7	9	2	5	3	1	8	4	6
4	5	1	7	8	6	3	9	2
6	8	3	4	9	2	5	7	1
3	4	6	8	7	5	1	2	9
2	7	5	1	4	9	6	8	3
8	1	9	2	6	3	7	5	4

#210

8	1	9	3	5	4	6	7	2
2	7	6	9	8	1	4	5	3
4	3	5	2	6	7	1	8	9
5	4	2	6	9	3	7	1	8
3	8	1	5	7	2	9	6	4
6	9	7	1	4	8	3	2	5
7	5	8	4	1	9	2	3	6
9	6	3	7	2	5	8	4	1
1	2	4	8	3	6	5	9	7

#211

9	8	3	1	2	7	4	6	5
5	4	1	3	9	6	2	8	7
7	6	2	5	4	8	3	9	1
2	3	5	4	8	1	6	7	9
8	9	6	2	7	5	1	3	4
4	1	7	6	3	9	8	5	2
3	5	4	9	6	2	7	1	8
1	2	8	7	5	3	9	4	6
6	7	9	8	1	4	5	2	3

#212

3	9	4	8	6	5	1	7	2
5	7	6	4	1	2	3	9	8
1	2	8	9	3	7	4	5	6
2	6	9	3	4	1	5	8	7
8	3	7	6	5	9	2	4	1
4	5	1	7	2	8	6	3	9
7	4	2	5	9	6	8	1	3
6	8	3	1	7	4	9	2	5
9	1	5	2	8	3	7	6	4

#213

8	5	7	3	2	9	1	6	4
6	2	1	4	8	7	9	3	5
3	4	9	5	6	1	7	2	8
1	3	4	9	7	5	6	8	2
2	9	8	6	4	3	5	7	1
5	7	6	2	1	8	3	4	9
7	8	5	1	3	4	2	9	6
4	1	2	7	9	6	8	5	3
9	6	3	8	5	2	4	1	7

#214

3	1	6	8	7	5	9	4	2
4	8	9	2	3	6	1	5	7
5	2	7	4	9	1	6	3	8
6	3	8	9	2	4	7	1	5
9	5	2	6	1	7	4	8	3
1	7	4	3	5	8	2	6	9
8	6	3	7	4	9	5	2	1
2	9	5	1	6	3	8	7	4
7	4	1	5	8	2	3	9	6

#215

7	1	2	9	5	4	8	3	6
3	4	8	6	7	2	9	5	1
9	6	5	8	3	1	7	4	2
5	3	6	1	8	9	2	7	4
4	2	1	5	6	7	3	9	8
8	7	9	4	2	3	6	1	5
1	5	7	2	9	8	4	6	3
2	9	4	3	1	6	5	8	7
6	8	3	7	4	5	1	2	9

#216

4	8	9	6	1	5	2	3	7
2	3	7	9	4	8	1	5	6
5	6	1	2	3	7	8	9	4
7	5	8	3	2	1	4	6	9
6	4	2	7	8	9	5	1	3
9	1	3	5	6	4	7	8	2
1	2	6	8	7	3	9	4	5
8	7	5	4	9	6	3	2	1
3	9	4	1	5	2	6	7	8

#217

4	2	3	1	8	9	5	7	6
8	6	9	5	4	7	3	1	2
5	7	1	3	2	6	4	8	9
9	1	8	6	7	3	2	5	4
3	4	2	8	9	5	1	6	7
7	5	6	4	1	2	8	9	3
6	8	4	7	3	1	9	2	5
1	9	5	2	6	4	7	3	8
2	3	7	9	5	8	6	4	1

#220

6	4	9	5	8	7	1	3	2
7	2	1	6	3	9	5	4	8
8	3	5	2	1	4	6	7	9
5	1	6	9	2	3	4	8	7
4	7	3	8	6	5	2	9	1
9	8	2	7	4	1	3	5	6
1	5	8	4	7	6	9	2	3
2	6	4	3	9	8	7	1	5
3	9	7	1	5	2	8	6	4

#218

9	8	3	6	5	2	1	4	7
2	7	4	8	1	3	9	5	6
6	1	5	7	4	9	2	8	3
8	6	2	1	3	4	7	9	5
3	5	7	9	8	6	4	2	1
1	4	9	5	2	7	3	6	8
7	3	8	4	9	5	6	1	2
5	9	6	2	7	1	8	3	4
4	2	1	3	6	8	5	7	9

#221

4	6	3	7	5	9	1	2	8
2	8	1	3	6	4	9	7	5
7	5	9	1	2	8	6	3	4
1	7	4	8	3	2	5	6	9
9	3	5	4	1	6	7	8	2
6	2	8	9	7	5	4	1	3
3	4	7	5	8	1	2	9	6
8	9	2	6	4	7	3	5	1
5	1	6	2	9	3	8	4	7

#219

2	1	5	8	4	3	9	6	7
6	7	4	5	9	2	1	3	8
8	9	3	1	6	7	5	4	2
5	6	8	9	2	4	7	1	3
4	3	7	6	5	1	8	2	9
9	2	1	7	3	8	6	5	4
1	8	2	4	7	6	3	9	5
7	4	9	3	1	5	2	8	6
3	5	6	2	8	9	4	7	1

#222

2	3	7	1	8	5	6	9	4
8	5	9	3	6	4	7	1	2
4	1	6	2	9	7	5	8	3
3	6	1	4	2	8	9	5	7
5	2	8	6	7	9	4	3	1
7	9	4	5	1	3	8	2	6
9	7	3	8	4	2	1	6	5
6	4	5	9	3	1	2	7	8
1	8	2	7	5	6	3	4	9

#223

2	8	9	4	3	1	6	5	7
6	1	4	2	7	5	3	9	8
3	5	7	9	6	8	1	4	2
9	3	8	6	2	4	7	1	5
4	7	5	8	1	3	2	6	9
1	6	2	7	5	9	4	8	3
8	4	6	3	9	7	5	2	1
7	2	1	5	8	6	9	3	4
5	9	3	1	4	2	8	7	6

#226

8	1	6	7	3	2	4	9	5
2	7	4	9	6	5	8	3	1
9	5	3	4	1	8	2	6	7
4	8	1	6	5	7	3	2	9
7	9	5	3	2	4	1	8	6
3	6	2	8	9	1	5	7	4
1	4	8	2	7	6	9	5	3
5	3	7	1	8	9	6	4	2
6	2	9	5	4	3	7	1	8

#224

3	6	7	2	8	4	1	5	9
2	4	5	6	9	1	7	3	8
1	8	9	3	5	7	4	2	6
5	1	3	4	6	2	9	8	7
4	7	8	9	3	5	2	6	1
9	2	6	1	7	8	3	4	5
7	5	2	8	1	3	6	9	4
6	3	1	5	4	9	8	7	2
8	9	4	7	2	6	5	1	3

#227

2	4	8	9	7	6	1	3	5
3	5	7	2	4	1	8	6	9
9	1	6	5	8	3	4	7	2
6	2	5	8	1	9	3	4	7
1	8	9	4	3	7	2	5	6
7	3	4	6	2	5	9	8	1
4	6	3	1	5	2	7	9	8
8	9	1	7	6	4	5	2	3
5	7	2	3	9	8	6	1	4

#225

7	4	1	5	2	3	8	6	9
8	9	5	7	1	6	2	3	4
6	3	2	9	8	4	7	1	5
1	6	8	2	9	7	5	4	3
9	7	3	8	4	5	6	2	1
2	5	4	3	6	1	9	7	8
3	2	6	1	5	9	4	8	7
5	8	7	4	3	2	1	9	6
4	1	9	6	7	8	3	5	2

#228

1	6	3	4	7	5	9	2	8
4	9	8	3	1	2	7	6	5
7	5	2	9	8	6	3	4	1
3	8	6	1	2	9	5	7	4
9	2	4	5	6	7	1	8	3
5	7	1	8	4	3	6	9	2
6	4	7	2	3	1	8	5	9
8	1	9	7	5	4	2	3	6
2	3	5	6	9	8	4	1	7

#229

4	2	7	8	6	9	1	5	3
1	3	8	5	4	7	9	6	2
5	6	9	1	2	3	8	4	7
7	1	3	4	9	6	5	2	8
9	5	4	3	8	2	7	1	6
2	8	6	7	1	5	4	3	9
3	7	1	2	5	8	6	9	4
8	9	5	6	3	4	2	7	1
6	4	2	9	7	1	3	8	5

#232

8	7	6	3	2	9	4	1	5
5	3	4	7	8	1	6	2	9
9	1	2	4	6	5	7	8	3
4	6	9	8	3	2	1	5	7
3	2	1	5	7	4	9	6	8
7	8	5	9	1	6	2	3	4
1	4	8	2	9	3	5	7	6
2	5	3	6	4	7	8	9	1
6	9	7	1	5	8	3	4	2

#230

3	7	4	9	1	8	2	5	6
5	8	2	7	3	6	9	1	4
1	9	6	4	2	5	8	3	7
9	6	7	8	5	4	1	2	3
8	1	3	2	6	7	5	4	9
4	2	5	3	9	1	6	7	8
6	5	9	1	4	3	7	8	2
2	3	8	5	7	9	4	6	1
7	4	1	6	8	2	3	9	5

#233

6	8	9	1	5	7	2	3	4
7	3	4	6	8	2	5	1	9
5	1	2	9	4	3	7	6	8
8	7	6	3	1	5	4	9	2
9	5	1	2	7	4	6	8	3
4	2	3	8	9	6	1	7	5
1	4	7	5	3	8	9	2	6
2	9	8	4	6	1	3	5	7
3	6	5	7	2	9	8	4	1

#231

5	9	8	6	3	1	2	7	4
3	7	4	2	8	9	1	5	6
2	1	6	4	5	7	9	3	8
8	4	7	1	9	2	3	6	5
9	3	5	7	6	8	4	2	1
1	6	2	5	4	3	7	8	9
7	5	1	8	2	4	6	9	3
4	8	9	3	7	6	5	1	2
6	2	3	9	1	5	8	4	7

#234

7	6	3	5	9	1	4	2	8
2	1	4	3	8	6	9	7	5
9	8	5	7	2	4	3	6	1
3	5	8	2	6	9	7	1	4
1	2	7	8	4	5	6	3	9
4	9	6	1	7	3	8	5	2
6	3	2	9	5	8	1	4	7
5	4	9	6	1	7	2	8	3
8	7	1	4	3	2	5	9	6

#235

8	7	3	4	6	1	2	9	5
1	6	5	2	3	9	4	7	8
4	9	2	7	5	8	1	6	3
2	8	6	9	4	3	5	1	7
5	4	9	6	1	7	3	8	2
3	1	7	8	2	5	9	4	6
7	5	4	1	8	2	6	3	9
6	3	8	5	9	4	7	2	1
9	2	1	3	7	6	8	5	4

#238

6	9	8	7	2	1	4	5	3
3	2	7	4	5	9	1	8	6
5	4	1	8	3	6	7	2	9
1	3	6	2	7	4	5	9	8
9	5	2	1	6	8	3	7	4
7	8	4	5	9	3	6	1	2
2	1	3	9	4	5	8	6	7
8	6	9	3	1	7	2	4	5
4	7	5	6	8	2	9	3	1

#236

1	7	9	6	5	4	2	3	8
4	6	2	1	3	8	9	5	7
3	8	5	7	2	9	6	4	1
8	4	1	9	6	5	3	7	2
9	3	6	4	7	2	8	1	5
5	2	7	8	1	3	4	9	6
6	5	8	3	4	7	1	2	9
2	1	3	5	9	6	7	8	4
7	9	4	2	8	1	5	6	3

#239

8	6	9	5	3	1	2	7	4
2	7	5	8	9	4	6	3	1
3	4	1	2	6	7	5	9	8
4	3	7	9	8	2	1	6	5
9	2	6	4	1	5	7	8	3
1	5	8	3	7	6	9	4	2
7	1	3	6	5	8	4	2	9
5	8	4	7	2	9	3	1	6
6	9	2	1	4	3	8	5	7

#237

2	9	5	1	4	7	6	3	8
6	8	1	3	5	2	4	9	7
3	4	7	6	8	9	1	5	2
1	2	6	7	9	8	5	4	3
8	3	4	5	1	6	7	2	9
7	5	9	4	2	3	8	6	1
4	7	2	9	6	1	3	8	5
9	6	3	8	7	5	2	1	4
5	1	8	2	3	4	9	7	6

#240

1	4	6	8	2	3	9	7	5
8	9	5	6	4	7	3	1	2
2	3	7	5	1	9	6	4	8
7	5	4	9	6	2	1	8	3
9	2	8	3	5	1	4	6	7
6	1	3	7	8	4	5	2	9
4	8	9	1	7	5	2	3	6
5	6	2	4	3	8	7	9	1
3	7	1	2	9	6	8	5	4

#241

1	8	5	3	7	4	6	9	2
2	7	9	8	6	1	3	5	4
4	3	6	9	2	5	8	7	1
9	1	8	2	5	6	4	3	7
5	2	7	4	9	3	1	8	6
6	4	3	1	8	7	9	2	5
3	9	4	7	1	2	5	6	8
7	6	1	5	3	8	2	4	9
8	5	2	6	4	9	7	1	3

#244

7	2	4	3	1	9	5	6	8
3	6	9	7	8	5	1	4	2
8	5	1	4	2	6	9	3	7
9	7	6	5	4	1	8	2	3
1	4	8	9	3	2	6	7	5
5	3	2	6	7	8	4	9	1
2	8	3	1	6	4	7	5	9
6	9	7	8	5	3	2	1	4
4	1	5	2	9	7	3	8	6

#242

9	2	6	5	7	8	3	1	4
5	7	1	6	3	4	8	2	9
8	4	3	1	2	9	5	7	6
1	9	2	4	5	3	6	8	7
3	5	8	2	6	7	9	4	1
7	6	4	9	8	1	2	5	3
2	3	9	7	1	5	4	6	8
4	1	5	8	9	6	7	3	2
6	8	7	3	4	2	1	9	5

#245

2	1	7	9	4	6	5	8	3
9	4	8	5	3	2	6	7	1
6	5	3	7	8	1	2	9	4
3	7	6	8	5	4	1	2	9
1	9	4	2	6	3	8	5	7
8	2	5	1	9	7	3	4	6
7	3	2	4	1	8	9	6	5
5	8	1	6	7	9	4	3	2
4	6	9	3	2	5	7	1	8

#243

4	9	7	8	5	2	6	3	1
6	3	2	7	1	9	8	4	5
8	1	5	4	6	3	2	9	7
7	4	1	9	2	8	5	6	3
2	5	6	3	4	1	7	8	9
3	8	9	5	7	6	4	1	2
1	6	3	2	8	7	9	5	4
5	2	8	1	9	4	3	7	6
9	7	4	6	3	5	1	2	8

#246

8	7	2	6	9	3	5	4	1
1	9	6	2	5	4	7	8	3
5	4	3	7	8	1	9	2	6
9	8	1	5	2	6	3	7	4
4	3	5	8	1	7	2	6	9
2	6	7	4	3	9	1	5	8
6	1	8	3	7	2	4	9	5
3	2	4	9	6	5	8	1	7
7	5	9	1	4	8	6	3	2

#247

9	8	5	4	3	6	1	7	2
6	2	1	8	9	7	3	5	4
7	4	3	5	1	2	6	8	9
4	6	9	7	2	1	5	3	8
3	5	7	9	6	8	4	2	1
8	1	2	3	4	5	9	6	7
1	3	8	6	7	4	2	9	5
2	7	6	1	5	9	8	4	3
5	9	4	2	8	3	7	1	6

#248

4	7	9	6	5	3	1	2	8
5	8	1	7	2	4	9	6	3
3	6	2	8	9	1	4	7	5
2	4	5	9	6	7	3	8	1
7	1	8	2	3	5	6	4	9
6	9	3	4	1	8	2	5	7
1	5	7	3	4	6	8	9	2
9	3	4	5	8	2	7	1	6
8	2	6	1	7	9	5	3	4

#249

9	5	4	6	1	8	2	7	3
2	7	6	4	5	3	1	9	8
3	8	1	9	7	2	4	5	6
7	3	9	2	6	4	8	1	5
5	1	8	7	3	9	6	4	2
4	6	2	1	8	5	9	3	7
6	2	5	3	4	1	7	8	9
1	9	3	8	2	7	5	6	4
8	4	7	5	9	6	3	2	1

#250

6	7	9	1	8	3	2	4	5
1	5	8	9	2	4	6	7	3
2	3	4	7	6	5	1	8	9
3	9	7	4	1	8	5	2	6
4	1	6	5	9	2	8	3	7
8	2	5	3	7	6	4	9	1
7	4	1	8	5	9	3	6	2
5	8	2	6	3	7	9	1	4
9	6	3	2	4	1	7	5	8

#251

6	9	8	3	4	1	2	7	5
5	7	3	2	6	8	1	4	9
4	2	1	5	9	7	6	8	3
7	1	5	4	2	6	3	9	8
3	4	2	1	8	9	7	5	6
8	6	9	7	5	3	4	1	2
1	5	4	8	3	2	9	6	7
9	3	7	6	1	5	8	2	4
2	8	6	9	7	4	5	3	1

#252

1	7	5	4	6	8	2	9	3
3	9	2	7	5	1	6	8	4
8	6	4	3	2	9	5	7	1
5	8	3	1	7	6	9	4	2
7	2	1	5	9	4	8	3	6
6	4	9	2	8	3	1	5	7
9	5	7	6	4	2	3	1	8
2	3	8	9	1	7	4	6	5
4	1	6	8	3	5	7	2	9

#253

2	7	4	6	9	5	3	8	1
8	9	1	7	4	3	2	5	6
5	3	6	1	2	8	9	4	7
9	2	7	4	5	6	1	3	8
1	6	8	3	7	2	4	9	5
4	5	3	9	8	1	6	7	2
7	8	9	2	6	4	5	1	3
3	4	2	5	1	7	8	6	9
6	1	5	8	3	9	7	2	4

#254

2	9	4	5	6	7	3	1	8
5	8	1	2	4	3	6	9	7
3	7	6	1	8	9	2	4	5
4	2	7	9	5	8	1	6	3
1	6	8	3	2	4	5	7	9
9	5	3	7	1	6	8	2	4
8	4	9	6	3	2	7	5	1
7	1	2	8	9	5	4	3	6
6	3	5	4	7	1	9	8	2

#255

1	8	2	4	9	3	7	5	6
4	6	9	2	5	7	3	1	8
7	5	3	8	6	1	4	2	9
9	2	6	3	7	4	1	8	5
3	1	8	9	2	5	6	4	7
5	7	4	6	1	8	9	3	2
2	3	7	1	8	6	5	9	4
6	9	1	5	4	2	8	7	3
8	4	5	7	3	9	2	6	1

#256

2	8	6	7	1	3	9	5	4
5	4	3	2	9	6	1	8	7
1	9	7	5	4	8	6	3	2
9	7	4	3	5	2	8	6	1
3	1	5	6	8	4	7	2	9
8	6	2	9	7	1	3	4	5
7	5	8	4	6	9	2	1	3
6	3	9	1	2	5	4	7	8
4	2	1	8	3	7	5	9	6

#257

9	1	7	6	5	4	8	2	3
5	2	8	9	3	7	4	6	1
3	4	6	1	2	8	5	9	7
4	8	5	3	1	2	9	7	6
7	9	3	5	4	6	1	8	2
1	6	2	8	7	9	3	4	5
8	5	4	7	6	1	2	3	9
6	3	9	2	8	5	7	1	4
2	7	1	4	9	3	6	5	8

#258

7	5	6	2	8	4	9	1	3
8	2	1	7	9	3	6	4	5
9	4	3	6	1	5	2	8	7
1	3	9	4	7	2	8	5	6
6	7	2	8	5	9	4	3	1
5	8	4	3	6	1	7	9	2
3	9	7	5	2	8	1	6	4
2	1	5	9	4	6	3	7	8
4	6	8	1	3	7	5	2	9

#259

3	9	5	4	1	8	7	6	2
7	8	4	6	5	2	1	9	3
1	6	2	7	3	9	5	8	4
2	7	3	5	6	1	8	4	9
8	4	1	2	9	3	6	5	7
6	5	9	8	7	4	2	3	1
9	2	8	1	4	5	3	7	6
4	1	6	3	8	7	9	2	5
5	3	7	9	2	6	4	1	8

#262

1	5	4	2	3	8	6	9	7
2	7	6	9	4	1	5	3	8
3	8	9	7	6	5	2	4	1
8	4	7	6	1	2	3	5	9
9	1	2	4	5	3	7	8	6
6	3	5	8	7	9	4	1	2
7	9	3	1	2	4	8	6	5
5	6	1	3	8	7	9	2	4
4	2	8	5	9	6	1	7	3

#260

2	8	1	3	7	9	6	5	4
9	6	5	4	1	2	8	7	3
3	7	4	8	5	6	9	1	2
1	4	9	2	8	5	3	6	7
6	2	8	7	3	4	1	9	5
7	5	3	6	9	1	2	4	8
5	1	7	9	2	3	4	8	6
4	9	2	5	6	8	7	3	1
8	3	6	1	4	7	5	2	9

#263

9	3	6	5	1	4	2	7	8
2	1	7	9	8	3	4	5	6
5	4	8	2	7	6	1	3	9
3	7	4	1	5	9	8	6	2
6	5	2	3	4	8	7	9	1
1	8	9	6	2	7	3	4	5
8	6	3	7	9	2	5	1	4
7	2	5	4	6	1	9	8	3
4	9	1	8	3	5	6	2	7

#261

7	5	6	2	9	1	3	8	4
4	9	3	6	5	8	2	7	1
2	8	1	4	3	7	6	9	5
9	6	8	1	2	4	7	5	3
3	1	2	5	7	9	8	4	6
5	7	4	8	6	3	9	1	2
8	4	9	3	1	6	5	2	7
1	3	5	7	8	2	4	6	9
6	2	7	9	4	5	1	3	8

#264

5	4	2	9	3	7	1	6	8
1	9	6	5	8	4	7	3	2
8	7	3	1	2	6	5	9	4
4	2	8	7	1	9	6	5	3
7	6	9	3	5	2	8	4	1
3	1	5	6	4	8	2	7	9
9	8	1	4	6	5	3	2	7
6	3	7	2	9	1	4	8	5
2	5	4	8	7	3	9	1	6

#265

3	4	9	2	8	1	7	5	6
5	6	8	9	3	7	2	4	1
2	1	7	4	5	6	8	9	3
1	5	2	7	9	8	3	6	4
7	3	6	5	1	4	9	8	2
8	9	4	6	2	3	1	7	5
6	7	1	8	4	2	5	3	9
4	2	5	3	7	9	6	1	8
9	8	3	1	6	5	4	2	7

#268

3	5	9	2	6	8	4	7	1
2	8	1	5	7	4	6	3	9
4	6	7	9	3	1	8	5	2
9	3	2	1	5	6	7	8	4
5	7	4	3	8	2	9	1	6
6	1	8	7	4	9	3	2	5
8	4	5	6	1	3	2	9	7
1	9	6	8	2	7	5	4	3
7	2	3	4	9	5	1	6	8

#266

1	3	8	5	4	7	9	2	6
9	6	5	2	3	8	7	4	1
2	7	4	6	9	1	8	3	5
3	2	6	7	5	9	4	1	8
4	9	1	3	8	2	5	6	7
8	5	7	1	6	4	3	9	2
5	4	2	9	7	6	1	8	3
6	8	3	4	1	5	2	7	9
7	1	9	8	2	3	6	5	4

#269

9	2	5	7	3	6	4	1	8
4	8	3	1	5	2	9	7	6
7	6	1	4	9	8	2	5	3
6	9	8	3	1	5	7	2	4
2	1	7	9	8	4	3	6	5
5	3	4	6	2	7	1	8	9
3	7	6	8	4	1	5	9	2
1	5	9	2	6	3	8	4	7
8	4	2	5	7	9	6	3	1

#267

6	5	7	8	4	9	1	3	2
1	2	4	7	3	6	5	9	8
9	3	8	1	5	2	7	4	6
8	4	2	3	9	1	6	5	7
7	9	1	6	8	5	3	2	4
3	6	5	2	7	4	8	1	9
4	8	6	9	1	3	2	7	5
5	7	3	4	2	8	9	6	1
2	1	9	5	6	7	4	8	3

#270

8	5	6	4	1	3	7	2	9
1	4	7	5	9	2	3	8	6
9	3	2	6	8	7	4	1	5
3	8	5	2	4	9	1	6	7
4	2	1	3	7	6	5	9	8
7	6	9	1	5	8	2	4	3
2	9	8	7	3	4	6	5	1
5	7	4	9	6	1	8	3	2
6	1	3	8	2	5	9	7	4

#271

8	4	2	1	7	3	9	5	6
1	9	6	8	5	4	3	2	7
5	3	7	2	9	6	4	1	8
9	2	4	5	8	7	1	6	3
6	7	5	4	3	1	2	8	9
3	8	1	9	6	2	5	7	4
2	5	8	7	4	9	6	3	1
7	6	9	3	1	5	8	4	2
4	1	3	6	2	8	7	9	5

#274

5	6	9	1	8	3	4	7	2
8	4	2	7	5	9	6	1	3
7	1	3	4	6	2	5	9	8
2	8	1	9	3	6	7	4	5
4	5	7	8	2	1	9	3	6
3	9	6	5	7	4	2	8	1
9	7	8	2	1	5	3	6	4
6	2	4	3	9	8	1	5	7
1	3	5	6	4	7	8	2	9

#272

1	2	6	5	3	4	9	8	7
9	4	8	6	7	1	2	3	5
7	3	5	2	9	8	1	4	6
2	6	1	3	8	9	7	5	4
3	9	7	1	4	5	8	6	2
5	8	4	7	6	2	3	1	9
4	7	3	9	1	6	5	2	8
8	5	9	4	2	3	6	7	1
6	1	2	8	5	7	4	9	3

#275

2	3	5	7	8	9	6	4	1
4	9	1	5	2	6	7	3	8
8	7	6	1	4	3	9	5	2
6	8	3	9	5	4	2	1	7
5	2	9	8	7	1	4	6	3
7	1	4	6	3	2	5	8	9
3	6	8	4	9	7	1	2	5
1	5	7	2	6	8	3	9	4
9	4	2	3	1	5	8	7	6

#273

6	4	3	7	8	5	2	1	9
1	7	8	3	2	9	6	5	4
9	2	5	1	6	4	8	3	7
2	8	1	9	5	6	4	7	3
3	6	9	8	4	7	5	2	1
7	5	4	2	3	1	9	6	8
8	1	7	5	9	2	3	4	6
4	3	2	6	1	8	7	9	5
5	9	6	4	7	3	1	8	2

#276

9	7	6	4	2	3	1	8	5
4	1	2	5	9	8	3	7	6
5	3	8	7	6	1	4	9	2
6	8	9	2	5	4	7	1	3
1	2	5	9	3	7	6	4	8
7	4	3	8	1	6	5	2	9
2	5	4	3	7	9	8	6	1
8	9	1	6	4	5	2	3	7
3	6	7	1	8	2	9	5	4

#277

8	5	7	9	4	2	6	1	3
9	2	3	5	6	1	8	4	7
6	1	4	7	8	3	5	9	2
3	8	1	2	5	6	9	7	4
5	9	6	3	7	4	1	2	8
7	4	2	1	9	8	3	6	5
1	7	8	6	2	5	4	3	9
2	3	5	4	1	9	7	8	6
4	6	9	8	3	7	2	5	1

#280

1	8	9	7	2	4	3	6	5
5	4	3	8	6	1	9	7	2
6	2	7	9	3	5	4	1	8
9	3	1	6	4	8	5	2	7
2	5	8	3	7	9	6	4	1
7	6	4	1	5	2	8	9	3
8	1	5	4	9	7	2	3	6
4	7	6	2	8	3	1	5	9
3	9	2	5	1	6	7	8	4

#278

8	7	6	9	3	4	1	2	5
2	4	1	8	5	6	3	7	9
9	5	3	7	2	1	4	6	8
4	6	2	1	7	9	5	8	3
5	8	9	4	6	3	7	1	2
3	1	7	5	8	2	6	9	4
1	3	4	6	9	8	2	5	7
7	2	8	3	1	5	9	4	6
6	9	5	2	4	7	8	3	1

#281

7	5	6	4	9	2	3	8	1
8	1	2	6	3	5	7	9	4
9	3	4	7	8	1	6	5	2
1	8	3	9	2	7	5	4	6
2	4	5	3	6	8	1	7	9
6	9	7	1	5	4	8	2	3
3	7	1	8	4	9	2	6	5
4	2	8	5	1	6	9	3	7
5	6	9	2	7	3	4	1	8

#279

6	2	5	7	4	9	1	3	8
3	7	1	6	2	8	9	5	4
8	4	9	5	3	1	6	2	7
4	8	7	3	1	5	2	6	9
5	3	2	8	9	6	4	7	1
1	9	6	2	7	4	5	8	3
9	5	8	1	6	3	7	4	2
7	6	4	9	8	2	3	1	5
2	1	3	4	5	7	8	9	6

#282

8	3	2	6	7	4	5	1	9
6	7	5	1	9	3	2	8	4
9	4	1	8	5	2	3	7	6
4	8	9	2	3	7	6	5	1
3	1	7	4	6	5	9	2	8
5	2	6	9	8	1	7	4	3
1	9	8	5	2	6	4	3	7
2	6	3	7	4	8	1	9	5
7	5	4	3	1	9	8	6	2

#283

5	9	7	8	3	4	6	2	1
2	1	3	5	9	6	8	4	7
8	4	6	7	2	1	3	5	9
9	2	1	6	7	8	5	3	4
3	8	4	1	5	2	7	9	6
7	6	5	9	4	3	2	1	8
6	7	2	4	1	5	9	8	3
1	3	9	2	8	7	4	6	5
4	5	8	3	6	9	1	7	2

#286

7	2	5	3	4	8	9	6	1
1	6	8	2	7	9	3	5	4
3	4	9	6	5	1	8	2	7
2	8	4	9	3	5	7	1	6
5	1	3	7	2	6	4	9	8
9	7	6	1	8	4	2	3	5
6	3	1	4	9	7	5	8	2
4	5	2	8	6	3	1	7	9
8	9	7	5	1	2	6	4	3

#284

2	1	5	9	3	7	4	8	6
4	8	6	5	2	1	7	9	3
3	7	9	6	8	4	2	1	5
5	6	2	4	9	8	1	3	7
8	4	7	2	1	3	6	5	9
9	3	1	7	6	5	8	2	4
1	2	4	3	7	9	5	6	8
7	9	8	1	5	6	3	4	2
6	5	3	8	4	2	9	7	1

#287

8	7	9	2	4	5	1	6	3
5	6	4	1	8	3	7	9	2
2	1	3	6	7	9	8	4	5
4	5	2	9	1	7	3	8	6
6	3	7	5	2	8	9	1	4
9	8	1	4	3	6	2	5	7
3	2	5	8	6	1	4	7	9
1	4	6	7	9	2	5	3	8
7	9	8	3	5	4	6	2	1

#285

6	8	2	9	4	5	7	3	1
5	3	9	8	7	1	2	6	4
4	1	7	6	3	2	9	8	5
2	9	4	5	6	3	1	7	8
8	5	3	4	1	7	6	2	9
1	7	6	2	9	8	5	4	3
9	2	1	3	8	6	4	5	7
3	4	5	7	2	9	8	1	6
7	6	8	1	5	4	3	9	2

#288

6	8	7	2	1	9	4	3	5
5	4	2	6	3	7	8	9	1
3	1	9	8	5	4	2	7	6
9	6	4	7	2	5	1	8	3
7	5	3	4	8	1	6	2	9
8	2	1	3	9	6	5	4	7
4	9	8	1	6	3	7	5	2
1	7	5	9	4	2	3	6	8
2	3	6	5	7	8	9	1	4

#289

7	5	4	8	3	1	9	2	6
8	9	1	2	7	6	5	4	3
2	6	3	5	9	4	1	8	7
6	4	7	3	5	9	8	1	2
1	2	8	4	6	7	3	5	9
5	3	9	1	8	2	6	7	4
4	8	5	6	2	3	7	9	1
9	1	6	7	4	5	2	3	8
3	7	2	9	1	8	4	6	5

#292

1	2	4	7	6	8	5	3	9
7	3	9	4	2	5	1	8	6
6	8	5	9	1	3	7	2	4
8	6	3	1	7	9	4	5	2
9	4	2	5	8	6	3	1	7
5	1	7	3	4	2	6	9	8
3	9	8	6	5	4	2	7	1
2	7	6	8	3	1	9	4	5
4	5	1	2	9	7	8	6	3

#290

9	6	1	5	2	7	3	8	4
2	5	3	4	9	8	6	7	1
4	8	7	6	3	1	2	5	9
6	3	9	8	7	2	1	4	5
8	2	5	1	6	4	7	9	3
7	1	4	3	5	9	8	6	2
3	9	8	2	4	6	5	1	7
1	7	2	9	8	5	4	3	6
5	4	6	7	1	3	9	2	8

#293

6	7	3	2	8	4	5	1	9
2	5	4	6	1	9	3	7	8
1	8	9	7	3	5	2	6	4
3	2	8	9	6	1	7	4	5
4	1	7	5	2	3	9	8	6
5	9	6	4	7	8	1	3	2
9	4	1	3	5	6	8	2	7
8	6	2	1	9	7	4	5	3
7	3	5	8	4	2	6	9	1

#291

2	3	5	1	8	7	9	6	4
1	6	8	3	4	9	7	2	5
4	9	7	2	5	6	8	1	3
9	1	4	6	3	8	2	5	7
7	8	2	5	1	4	6	3	9
6	5	3	9	7	2	4	8	1
8	7	1	4	2	5	3	9	6
5	2	9	7	6	3	1	4	8
3	4	6	8	9	1	5	7	2

#294

4	6	1	5	7	3	8	9	2
2	9	3	4	1	8	6	7	5
5	8	7	2	9	6	4	3	1
6	7	8	1	4	5	3	2	9
9	5	4	8	3	2	1	6	7
3	1	2	7	6	9	5	4	8
7	3	6	9	8	1	2	5	4
8	2	9	3	5	4	7	1	6
1	4	5	6	2	7	9	8	3

#295

8	7	5	6	2	9	4	1	3
1	4	2	8	5	3	9	7	6
9	6	3	1	4	7	5	8	2
4	9	6	2	7	1	8	3	5
5	3	1	4	9	8	6	2	7
7	2	8	5	3	6	1	9	4
3	1	4	7	8	5	2	6	9
2	8	9	3	6	4	7	5	1
6	5	7	9	1	2	3	4	8

#298

5	1	9	3	4	6	2	7	8
8	7	3	1	9	2	4	5	6
6	2	4	8	5	7	1	9	3
7	4	2	9	3	1	6	8	5
9	5	1	2	6	8	3	4	7
3	8	6	5	7	4	9	2	1
2	9	5	6	8	3	7	1	4
1	6	7	4	2	5	8	3	9
4	3	8	7	1	9	5	6	2

#296

7	9	6	2	4	8	3	5	1
2	8	3	5	6	1	4	7	9
4	5	1	7	9	3	8	2	6
1	2	7	4	3	9	5	6	8
6	4	9	8	7	5	1	3	2
8	3	5	6	1	2	7	9	4
5	6	8	1	2	7	9	4	3
9	1	4	3	5	6	2	8	7
3	7	2	9	8	4	6	1	5

#299

7	9	5	3	1	8	2	6	4
6	8	4	9	2	7	5	1	3
1	3	2	5	4	6	9	8	7
3	2	1	4	7	9	6	5	8
4	6	8	2	5	3	1	7	9
5	7	9	6	8	1	3	4	2
2	4	6	7	3	5	8	9	1
8	5	3	1	9	4	7	2	6
9	1	7	8	6	2	4	3	5

#297

8	6	5	9	4	7	1	3	2
9	2	3	5	6	1	8	4	7
7	4	1	2	3	8	6	5	9
4	5	7	8	2	9	3	1	6
1	3	6	7	5	4	2	9	8
2	9	8	6	1	3	4	7	5
3	7	2	1	8	5	9	6	4
6	1	9	4	7	2	5	8	3
5	8	4	3	9	6	7	2	1

#300

4	1	6	7	9	3	5	2	8
7	2	5	1	4	8	6	3	9
3	9	8	5	2	6	1	7	4
5	3	9	4	7	1	8	6	2
6	7	1	3	8	2	9	4	5
2	8	4	6	5	9	7	1	3
8	6	2	9	1	4	3	5	7
1	4	7	8	3	5	2	9	6
9	5	3	2	6	7	4	8	1

www.ingramcontent.com/pod-product-compliance
Lightning Source LLC
Chambersburg PA
CBHW080931220526
45465CB00008BA/3015